思考的逻辑

REFLECTION LOGIC

Shigeyuki Imai

[日] 今井繁之 — 著

叶冰婷 — 译

群言出版社
QUNYAN PRESS
·北京·

图书在版编目（CIP）数据

思考的逻辑 /（日）今井繁之著；叶冰婷译．—北京：群言出版社，2021.6
原书名：問題解決思考
ISBN 978-7-5193-0651-9

Ⅰ．①思… Ⅱ．①今… ②叶… Ⅲ．①管理学 Ⅳ．①C93

中国版本图书馆 CIP 数据核字（2021）第 060371 号

北京市版权局著作权合同登记号：图字003221011903724A号

选题统筹：邵　军
产品经理：张志元
责任编辑：李　群
助理编辑：宋盈锡
封面设计：异一设计

出版发行：群言出版社
地　　址：北京市东城区东厂胡同北巷1号（100006）
网　　址：www.qypublish.com（官网书城）
电子信箱：qunyancbs@126.com
联系电话：010-65267783　65263836
经　　销：全国新华书店

印　　刷：河北华商印刷有限公司
版　　次：2021年6月第1版　2021年6月第1次印刷
开　　本：880mm×1230mm　1/32
印　　张：8
字　　数：220千字
书　　号：ISBN 978-7-5193-0651-9
定　　价：49.80元

目录

前言
普通人和精英的差距，在于决断问题的能力

一个人知识丰富、记忆力很强当然是件好事，然而这并不代表他就有判断力和决策力，就像有时会听到这样的话："他是很聪明，但处理问题就……"而当人们说"那个人很能干"时，一般不是说他的记忆力有多好，而是赞许他很有头脑和智慧，能够巧妙地解决现实问题。

如何巧妙地解决问题

解决问题的方法可以凭借自己过去的经验和所累积的知识找到。倘若有不足也能通过查询书籍和文献，或者虚心请教他人弥补。这就是所谓的智慧——"即便碰到自己从未经历过的问题，也能想方设法找出适当答案的一种能力"，而且这种智慧可以靠学习和训练获得。

英语里有"Thinking Path"这个短语，中文意思是"思

路”，是合理解决问题、提出决策的方法，也就是智慧。只要我们学会这种思考方式，在遇到没碰到过的状况时，也能通过向有经验的人或专业人士提出聪明的问题，寻求正确的答案。

本书中介绍的技术，是在分析和整理经营、管理、研究等各界精英解决问题时的思考过程之后，以最能让人快速且有效吸收的方式编写呈现的。因此，只要学会这项技术，每个人都能成为“能干的人”。

必须迅速、正确地判断，理论性地说明

如今，企业正面临大规模的变革。在职场上，将会遇到更多过去不曾碰到过的问题，而且也无法再仅仅凭借过去的经验来处理。

不仅如此，这些问题比以前更复杂，做决策时，需要考量的范围非常广泛，无法凭单一因素做决定。此外，微小的判断失误就会给结果带来极大的影响。于是在评估时，我们必须预测未知情况的走向，同时考量可预期的变化。

过去的时代，强调的是“求好不求快”，但现在商务环境日益严峻，人们不再有“深思熟虑”的闲情逸致，而是得快速做决策——还不能出错。于是，我们必须拥有迅速且正确地想出解决办法的能力。

目前大部分处在企业管理阶层位置的中年一代，在工作时倾向忠于主管的命令，即便对指示内容有所不满，也会先乖乖遵从主管指示行事。

然而，年轻人只要碰到无法接受的事，就会问“为什么一定要这么做？”要求主管说清楚。而且越有才能的人，就越不容易在被说服之前安分地工作。于是，主管必须拥有合理思考、理论性地说明的能力，才能让他们信服。

再者，现今不仅仅是大企业，中小企业也面临着必须与外国人打交道的问题。在国外生产，或是在国内雇用外籍员工的企业，就得给语言和文化背景完全不同的人下达工作指示。一般来说，外国人在听到指示时，会很自然地询问为什么要这么做，而我们必须回答他们的疑问，讲到他们满意为止。就这方面来说，语言能力非常重要。所以，说明为什么要这么做，为什么这是最佳方法的能力，更是不可或缺。

此外，和外国人交涉磋商的机会也增加了。如果对方是本国人，或许还能有文化上的默契，但面对外国人时可就没有背景优势，任何决定都不能含混带过。

有效解决问题的思考能力

在这样的时代背景和需求下，职场人士在面对各式各样的问题时，都必须拥有能冷静应对的智慧，也就是思考的能力，这种能力可以让人冷静地接受环境的变化，而且想出现在的问题是什么，该怎么做，从什么地方入手。

除此之外，还能使人在面对显而易见的问题时，运用理性的思考模式迅速得出最佳结论。对于实际工作中的人来说，真正需要的不是难懂的理论，而是组织上下所有人，在五花八门的工作中都能派得上用场的工具。而最重要的就是它确实能够有效地解决工作中的问题。

就这个意义来看，本书介绍的“解决问题的技术”，正好满足这些需求。

此外，本书的概念源自我在 2005 年出版的《锻炼解决问题的思考能力》。

这本书出版后发生了东日本大地震，市场环境越发混乱。因此，在这次的出版内容中，在基本的思考架构上，我又追加了新的内容，而且大幅度修改了事例。

希望本书能够帮助在面对难题时无法轻易做决定而日夜苦战的人。

今井繁之

2013年3月

序章

面对不可测问题的思考技术

“公司就是‘解决问题’的组织。”

这是知名企业麦当劳对企业的定义。一点儿也没错，在职场上的任何人每天都得面对必须解决的各种“问题”。

例如，生产的产品有瑕疵，交货可能延期，生产线产能低下，网络销售需要强化，员工职业道德需要提升，新市场的开发，等等。这些都必须有人思考“该怎么办才好”并付诸行动。而位居管理阶层的主管们更要责无旁贷地及时做决策，而且给予下属工作上的指示。

只要决策正确、任务分配妥当以及行动切实，企业就能借此取得成果；反之，如果结论和决定出错，轻者是公司把人力投入在毫无意义的行动上，无法得到预期的成果，重者甚至会给企业带来大灾难。

面对问题时，比较正确的做法是先动脑筋思考以提出应对之道。在这个过程中，要先搜集与问题相关的信息并运用过去的经验和知识，找出原因或者想出处理办法。

然而，还是有不少职场人士在面对企业内部各种问题时，不会遵循这种"思考步骤"得出解决办法。

过去的经验有用吗?

倘若遭遇棘手问题，该如何获得解决办法呢？有人会这样回答："面对问题时，我会尽量收集信息，再根据多年经验（K）、敏锐直觉（K），以及先做再说的胆识（D）得出问题该如何解决的结论。"

这就是所谓的KKD[①]，这也算是一种"思考技术"。

假如我们所面对的问题可以用KKD来判断，倒也不失为一种选择。不过，如果是面对没有经验、无法靠直觉解决的问题，又该怎么办呢？总不能在主管询问得出结论的依据时回答说："这是凭借我多年的经验和直觉判断出

① KKD，取自经验Keiken、直觉Kan、胆识Dokyo三个词的日文发音拼音字首。

来的。”这恐怕很难获得认可吧！况且，我想大概没几个人可以清楚地说明直觉的根据是什么。

在某个新闻节目里，主播和球评员曾有过这样的对话，是关于投手为了三振打者而投出正中央直球的讨论。

球评员：“投手只要判断打者没有想挥棒的打算，就会投出正中央的直球。”

主播：“要怎么看出打者有没有挥棒的打算？”

球评员：“这必须靠投手的直觉了。”

主播：“靠直觉判断？没有其他的根据？”

球评员：“没有，只能靠直觉。”

新闻主播露出难以接受的表情。

球评员所说的“靠直觉”实在很难让人心悦诚服，如果他能清晰客观地说明“这是因为投手看出了打者握棒的方式和力道，眼睛注意的方向，以及腿部位置的微妙变化”，对方接受的可能性就大多了。

一般来说，只要能够运用看得到的事物进行说明，人们就比较容易被说服，当你把理由说得清清楚楚时，对方接受的程度当然也会变高。

为什么会判断失误?

职场上的每一天，无论是主管，还是下属都不可避免地会面对一些非常问题，也都需要分析为什么会发生这些状况，又该如何处理。

然而，对于“问题的解决与定策”，许多人的判断经常很难切中要害，也因此浪费了无谓的时间和精力。

然而令人感到诧异的是，很少有人注意到这些白白浪费掉的时间和精力，原因就是在判断是否白费工、不合理时，无法具体地看见其中的过程。

日本制造业系统堪称不白费工，凡事讲求合理的模范。有效率地制造质量优良的产品，日本企业应该算是相当厉害的。

之所以能生产出好产品，是因为只有符合严格规定的原料才能投入生产线；加工也有标准作业流程，工人依照该流程作业；最后，完成的产品还得经过严格的检查，只有合格的成品才能出货。

制造业的工序是看得见的，因此很容易摒除白费工、不合理的部分。然而在问题解决与决策的过程中，并没有规定该收集什么信息，更别说如何思考了。除此之外，一般人也不会严密查证依照该思考方式得出的结论是否正确。判断问题应如何解决的决策过程，这种“工序”通常无法具象，正因为如此也很难察觉白费工、不合理的部分。

倘若这些工序如同制造业那样每个步骤都看得到，应该就能轻易地发现无端耗费的部分了。就能有效地列举出该收集哪些信息，以及该如何检视等步骤，而且将之标准化，再与组织内的主要人员共享，就能有效率地得出正确且易被接受的结论。

人们都知道工作流程很重要，有正确的程序，工作效率就会很高，同样的，思考也需要正确的程序。

在我们的身边，不乏很会解决问题，总是能做出正确决策的人。这些优秀的问题解决高手的智慧的大脑里，都拥有正确的思考步骤，也就是思考解决问题的方程式。如果能看见他们的思考过程，就能仿效学习，成为一个同样优秀的问题解决专家和最佳决策者。

本书介绍的问题破解技术，就是将通常看不到、无形的思考过程整理出来，而且将之体系化，好让大家都能够看见。既然能够看到，就能察觉白费工的部分，也能知道该如何得出正确的结论。除此之外，通过合理的步骤进行思考，能防止反复曲折的紊乱想法，快速得出正确的结论。

解决问题、制订决策是可以学会的技术

简单说来，“破解问题的决策力”就是当工作遇到问题时，思考并找出原因和最妥善的解决方案的能力。

如果是感性、灵感和直觉等与生俱来的能力就很难仿效，但如果决策力是一种技术，便可以靠学习和训练习得。

只要模仿很会解决问题和做决策的人，也就是我们认为的“强者”的技术和方法，并且经过多次演练，便可得到相同的能力。“学”的原意是“模仿”，“习”则是“习惯”。通过效仿强者、反复训练，必然可以学会这些能力。

本书所讲述的“破解问题的技术”，如同先前所提到的，是将优秀经营者、管理者和研究者解决问题的思考方式和过程步骤化而得到的技术。

当你学习并掌握这项技术后，在面对过往未曾遇到过，或是需要专业知识的问题时，就可以轻松地破解了。

学会4种思考技术

实际上，工作中会遇到五花八门的问题，这绝非仅凭借一个思考技术就能解决。在职场上，需要想出结论的状况可以分为以下4种，每一种都得有最妥善的思考步骤：

第一种，突发意外出现时，必须在事发原因未知的情况下，搜集可能原因的相关信息，并且有效率地从中挖掘真正的原因，我称这样的思考技术为“关键主因的分析技术”。

第二种，当成果未达到预期时，在不知如何做才好且希望选择出最佳应对方案的状况下，得出该怎么做，哪种方法最好，相关人员都能接受的合理结论，我称这样的思考技术为“最佳方案的制订技术”。

第三种，要实施新政策时，需要制订发生风险时的对策，或者预测可能发生的市场变化以及避免将来可能发生的坏事，我称这样的思考技术为“风险预测的防范技术”。

第四种，在状况错综复杂，不清楚问题出在哪里或该如何处理时，巧妙地整理眼前的情况，找出问题并从中思考该如何处理的步骤，我称这样的思考技术为“复杂状况的统合技术”。

这4种技术都有着环环相扣的固有程序，我将会在本书的章节里一一详细解说，也会提醒执行时只要注意哪些重点和诀窍，便能把这些技术运用在实际的工作中。

此外，这 4 种技术将独立分章叙述，你可以先从自己较感兴趣的章节阅读，如果没有方向，可以从第 1 章开始依序读下去，这样比较容易入手。

1 **关键主因的分析技术**
有效找出问题的真正原因

2 **最佳方案的制订技术**
摆脱犹豫，找到最佳方案

3 **风险预测的防范技术**
对于未知风险的预防

4 **复杂状况的统合技术**
把复杂变简单，就能临危不乱

图 1　99% 的问题都可以快速解决的 4 种思考技术

第1章

分析关键的主因

◎7个步骤，锁定主因

当问题发生时，有的人会从某些特定现状推测原因，有的人则着眼于最近的特殊变化，以及把“是否和已知现实相互矛盾”作为判断依据，最后得出“也许是这个吧！”的结论，这应该是许多人在用的方法。不过，这样做会花费相当多的时间锁定问题发生的原因，即使对得出的结论没有绝对的把握。

查明问题的来源

面对原因不明的问题时，倘若拥有正确的思考技术，不仅可以快速找出问题发生的原因，也能对得出的结论信心十足。

凡是销售目标没有达成，产品制作有瑕疵，系统异常出状况等问题，都可以运用以下 7 个思考步骤快速查明真正原因：

步骤 1 发觉异常现象

首先，要厘清“应查明原因的对象”和异常现象。

当问题报告被提出时，尽管涉及许多项目和异常现象，人们总是倾向于把它们放在一起分析。

举例来说，将好几个商场的业绩放在一起，分析为什么总体销售业绩不佳。如此一来便无法聚焦具体问题，分析出来的结果无法切中各商场的问题的关键，只是将责任指向模糊且无法改变的事情上，例如“其实谁也没有错，全都是因为经济不景气”之类的不负责任的简单原因，整个会议都是在浪费时间。

或者，即便锁定了对象，但不管该对象有几项异常，也把它们合并在一起思考。

其实，要一个一个分析异常的现象，不需要花多少时间，却能得出恰当的结论。因此，应该在锁定要查明原因的对象和异常现象之后，再进行分析。限定信息范围之后，大家一起来探究原因时，就能有效防止讨论离题。

步骤❷ 收集和整理必要信息

接下来是收集跟问题有关的信息。

在没有明确的原因，或是想出多种可能，但还没锁定哪一个是关键原因时，可以先收集和问题有关的资料。

资料太多反而会导致混乱，所以应将其缩小到最小范围。

一般的问题若从“目标”“地点”“时间”“程度”四个层面收集，大致就能搜罗到必要的信息。

这四个层面所涉及的细项，如下面的表格所示。

善于解决问题的人，在从这四个层面确认正在发生的事实的同时，也会收集“在相同条件下，应发生问题而未发生的项目”，也就是“未发生的事实”。

为什么要收集“未发生的事实”的资料呢？这是因为如果某个项目出现异常时，和它有类似条件的项目也有同

目标

- **对象**
发生什么事
- **异常现象**
什么样的异常状况

地点

- **场所**
发生（发现）的场所在哪里
- **局部**
发生在对象的什么地方

时间

- **日期**
何时发生（发现）
- **场合**
在什么条件下发生（发现）

程度

- **数量**
发生到什么程度
- **倾向**
发生之后呈现出什么样的倾向

图 2　通过四个层面收集必要的可靠资料

样状况，那就不奇怪；然而，倘若类似的项目一切正常，那发生异常的项目就有问题了。

又或者，某个地方或某段时间有异常，而同样环境下的其他时间和地点却没有问题，如此一来，不正常的部分不就是状况所在？

如果出现预期会发生，不知何故却没发生的事，也就是出现“未发生的事实”的情况，那么接下来“找出差异”的步骤就变得容易得多，这部分在后述的“筛选原因”，也会发挥作用。

在此，把发生的事实称为“Is”，把未发生的事实称为“Is Not”。

步骤③ 对比“相异点”

掌握发生的事实和未发生的事实后，接下来就要找出差异。

把发生问题的项目“Is”和应该发生问题而没有发生的项目“Is Not”做比较，找出发生问题的项目存在的“相异点”，也就是特征。

为什么要找出“相异点”？这是因为，当双方有共同点，但一方发生问题而另一方却没有发生，表示发生问题的这一方，必定和未发生问题的那一方有差异。

A产品发生问题，类似的B产品却没发生，那么将A和B放在一起做比较，就会发现在某个地方的不同。

到昨天为止都进展顺利的事物，今天却发生问题，那么昨天到今天这段时间应该发生了什么变化。

像这样发生问题的一方一定具有和未发生问题的一方的相异点，这个差异应该和问题有很大的关联。以此为前提，试着去仔细地探究其不同。

步骤④ 发现“变化”

找出“相异点”之后，寻找其本身以及周边是否有什么“变化”。

对于突然发生问题的项目，可以说“变化”就是原因所在。

一向进展稳定的项目，却在某个时间点开始变得奇怪，这应该是在哪里有了什么变化。

如果没有，就应该照本来该有的样子发展，不会有任何差异。

“变化”又分为看得到的和看不到的两种。

例如，原因可能是天气的转变，但有时也必须留意耗材、磨损和零件老旧等肉眼看不到的变化。

由于有无数的“变化”，所以和问题无明显关系的就没有必要提出来。关键在于，要留意“相异点”，并且锁定“相异点”本身及其周边的改变去探寻，就能有效率地查明原因。

步骤⑤ 推测“原因”

接下来是推测原因。

以从上述的步骤中得到的相关信息为基础，试想什么会成为这次问题的根源。

不过，由于无法保证所有的变化都被网罗到，所以也要运用过去的经验和知识去判断。

重要的是，必须提出具体的原因。

举例来说，假设产品发生异常是“由于今天早上过于寒冷”。在这种情况下，是寒冷导致作为原料的钢材变硬，还是寒冷让作业员的手冻僵导致发生状况？不厘清这件事情，就容易把这两点混为一谈，得出“寒冷所致”的结论，如果后面因为原因过于模糊使得问题无法解决，还是要回到这个阶段再进行验证。

把商品不好卖的原因归咎于“不符合市场需求”的情况也一样。是商品本身的功能不被接受，还是价格定得太高？虽说是“不符合”，但不区分开来推测原因，会让分析的结果模糊不清，甚至会误导后面的决定。

经验丰富的人有时也会根据过往经验，随意断定“这种事不能成为原因”，然后在脑海中将它轻易地删掉。所以，在这个阶段，首要任务是找出可能的原因。

步骤⑥ 缩小原因的范围

接下来是筛选推测出来的原因。

想出几个原因之后，若要一一查证全部的原因，效率会非常低，所以要先删除不可能的原因。先确认假想的原因是否能毫无疑问地说明在步骤 2 中判别出来的事实，明显有矛盾的，就得先删除。

进一步说，要看每组假想的原因，在“目标”“地点”“时间”“程度”四个层面上，是否能够毫无矛盾地说明在这里发生了而在另一处未发生的状况，来检视其真伪。

假设今天产品发生异常，是因为今天早上过于寒冷导致钢材硬化，这是否能解释“A 产品出现状况，而使用相同材料的 B 产品却没有问题”的事实。而如果是因为今天早上寒冷造成作业有疏漏，是否能说明“只有在 A 工厂发生，位于同楼层的 B 工厂却没有发生”的事实，像这样进行检查。

如果是有矛盾、无法证明事实的选项，就立刻删除。

一开始，不要把各个原因凑在一起，而是就单一原因逐一确认，假使所有可能全被删除了，这时再试想：“难道是复合原因吗？”进而把有关联的原因组合起来，再次进行筛选（删除）作业。

最后，如果一个原因能够完整解释所有状况，它就成了最有可能的原因。

步骤⑦ 确实验证

利用步骤6的“筛选作业”，找到能够完美地说明所有项目的原因，表示它是真正原因的准确性很高。尽管如此，在解决问题之前，必须验证“它是否是关键原因”。即便该假定能过“筛选”这一关，但要在验证“是否是关键原因”之后，才能真正确定答案。

验证有几种方法，例如确认现场、实物，或者进行重现实验。还有一种是“因情况而采用不同的解决策略来确认是否复发”。

有人认为，即便没有刻意进行筛选作业，只要从一开始就检验所有可能的原因不就好了吗？然而，检验工作非常消耗时间和精力，验证所有假定，多半徒劳无功。所以，

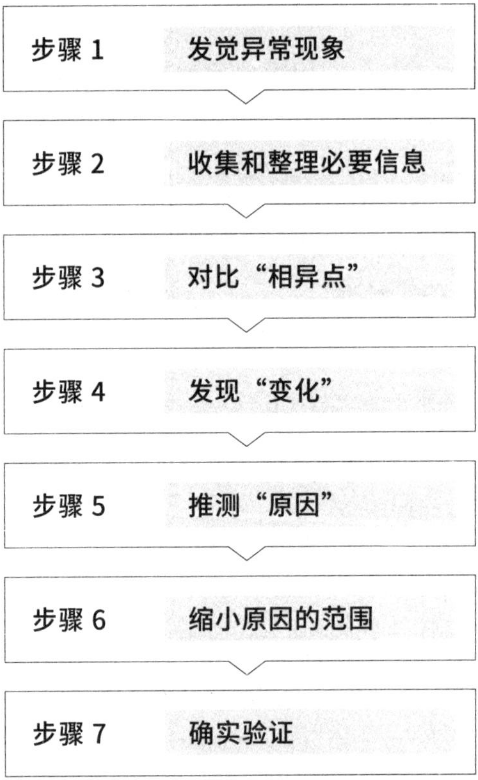

图 3 分析关键主因的 7 个步骤

应该只验证筛选出来的较有可能的原因。

倘若结果证实了被筛选出来的原因，确实是造成问题的真正原因，再采取应对的办法就可以了。

活化解决问题的程序，避免低效率

如上所述，发现异常现象→收集和整理必要的资料→对比差异→发现变化→推测原因→筛选→验证，通过这一连串的步骤，就能有效率地得出真正的原因。

如果活用这项技术，在遇到原因不明的麻烦状况时，就能够避免盲目地找资料，或者被找来的资料搞得手忙脚乱，抑或者陷入没有效率的讨论等状况。

这些步骤能防范把先入为主的成见当作原因，让自身陷入泥淖，还能防止得出不恰当的对策，甚至还可以期待“不用采取无用的对策也能完成”的效果。

依循这种步骤查明原因，不仅适用于特定类型的问题，也适用于广泛的问题，例如生产现场的异常状况，销售低迷，产出率降低，加工质量不稳，离职潮突发，畅销商品没有及时发售，员工士气低迷，事故频繁发生等各式各样的问题。

而且在查明作业时，如果团队能共享这样的思考技术，讨论时就不会离题、盲目乱撞，而且能有效率地执行。

◎ 个案研究与解说

在此通过具体的案例，解说关键主因的分析技术的应用方法。希望大家先检视以下案例，运用前述的技术，依照步骤实际演练，然后再看解说。

案例 客户投诉来了！原因是什么？

发售一年，客户投诉蜂拥而至

汽车制造商H公司从小型轿车乃至大型轿车都生产。其中一款“彪马Ⅱ”是2012年7月发售的轿车，有1500cc和2000cc两种等级。彪马Ⅱ发售以来的3个月，每月销量达1万多辆。

海外销售比日本国内稍晚，最近的海外销售率超过40%。

然而，一年后，也就是从2013年7月上旬开始，H公司陆续接到客户投诉：“汽车上路后，保险杠的镀铬竟然剥落了。”

这不是偶尔会有的烤漆不均、褪色之类的寻常投诉。

几乎所有的客户投诉都是针对过去半年内所生产的这款1500cc轿车。然而，在工厂出货的最后检查中，完全没有出现镀铬剥落的不正常现象。

彪马Ⅱ前后方都安装了保险杠，不过收到的不满以前方的居多。

当初这款车的保险杠预定是在铝材质上镀铬，但在公司强烈要求降低成本和轻量化的情况下，技术团队开发了在塑胶材质上镀铬的技术，安装在1500cc等级的汽车上，2000cc的汽车则按照当初所预定的，使用铝材质来进行镀铬处理。

塑胶材质具有不少优点，例如成本比铝材质少10%，而重量大约只有铝材质的一半。缺点是耐热性较差，而且也比较不耐撞。

镀铬前的保险杠是由制造商品和零件的“S工业”生产，然后运到H公司的子公司“H烤漆”，在那里烤好漆的保险杠再运到H公司，安装在彪马Ⅱ上。

以往保险杠都是交给另一家制造商生产，但那家制造商不能接受公司大幅降低成本的要求，所以这款车的保险杠就转给新的生意伙伴“S工业”生产。

“H烤漆”原本每月能处理5000辆彪马Ⅱ的保险杠，但由于销售量大幅超过当初的预估，所以发售到第六个月时扩张工厂，增加了100名作业人员，每月能处理2万辆车的保险杠的出货。新增的作业人员以外籍劳工为主，他们没有经过足够的训练就分配到现场作业，但现场负责人表示：“这不会有什么问题。”

而且为谋求处理工序快速化，公司引进尖端设备，新设备只要花以往所需的一半时间就能完成烤漆，然而稳定接合面需要一些时间，新设备刚引进时，接合强度有不稳定的状况，但现在能够正常运作了。

比较海外的彪马Ⅱ的使用情况是否有问题

如今，彪马Ⅱ的累计生产量达到10万辆，但客户投诉件数超过500件，而且在持续增加中。

投诉都来自国外，日本国内几乎没有。而且在这之中没有欧美各国，而是印度尼西亚、斯里兰卡、埃塞俄比亚、肯尼亚等国。这些国家的共通点是热带雨林或草原气候，道路和水源状况差。这些国家也有引进2000cc的彪马Ⅱ，虽然数量不多，却没出现那样的投诉。

当地的修车厂表示，大多数的剥落是在长时间高速行驶后洗车时发现的。然而身为制造商，不容许自家产品有“因行驶时间长而发生剥落现象”之类的借口。

如果放任这种情况不管，可能会失去消费者对汽车技术的信赖。一旦失掉信任，彪马Ⅱ的销量势必大幅下降。[①]

---

① 从轿车生产专家的立场来看，可能会认为描述情况有些地方不合实情，敬请见谅。

解说 原因不见得只有一个

关于该案例，如果运用“关键主因的分析技术”，就可以展开下列探讨。

整理发生的事实

首先要问：“发生了什么事？”

确认应查明的原因和异常现象，那就是彪马Ⅱ保险杠的镀铬。虽说是彪马Ⅱ，但它有1500cc和2000cc两种等级，发生问题的是1500cc的车。所以，正确来说，分析的问题应为“查明彪马Ⅱ 1500cc汽车发生保险杠镀铬剥落的原因”。

接下来，收集发生此问题的相关资料。这时，确认正在发生的事实和在相同条件下，应该发生问题而没有发生的事实。发生问题的就是前面所述的彪马Ⅱ 1500cc汽车，而彪马Ⅱ的2000cc汽车却没有出问题。

在进一步探讨“这件事在哪里发生”时，发现它并不是在日本国内，而是发生在国外，而且仅出现在印度尼西亚、斯里兰卡、埃塞俄比亚、肯尼亚等国，而不是欧美各国。

问题都产生于前方的保险杠，而不是后方的。且从 2012 年 7 月开始发售到 2013 年 6 月都没有客户投诉，投诉都是 2013 年 7 月后出现的。

异常状况是在顾客购买并实际驾驶之后发生，在工厂内部出货时的最后检查中，完全没有异常状况。“情况不正常到什么程度？”指的就是生产出货的数量累计达 10 万辆，其中有 500 辆出现这种问题，而且客户投诉有增加的趋势。

整理上述事实后，如图 4 所示。

列举可以想到的原因

接着，比较发生的事实和未发生的事实，寻找问题发生的一方的特征。

把 1500cc 汽车和 2000cc 汽车做比较，就可以举出 1500cc 汽车的保险杠使用的是塑胶材质。

塑胶材质的特征是耐热性比铝材质差，而且也比较不耐撞。印度尼西亚是第一个出现问题的地方，可以举出它的地域特征是热带草原气候，道路和水源状况差。对照前后方保险杠，可以认定前方承受的风压较为强烈。

	发生的事实	未发生的事实
目标	1500cc 汽车 镀铬剥落	2000cc 汽车 烤漆不均、褪色
地点	印度尼西亚、斯里兰卡、埃塞俄比亚、肯尼亚 前方的保险杠	欧美各国 后方的保险杠
时间	2013 年 7 月以来 行驶后	2012 年 7 月到 2013 年 6 月 出货前的最后检查
程度	500 辆／ 10 万辆 客户投诉增加	500 辆以上—未出状况的全部车辆 减少或维持不变

图 4　从四个层面收集资料

若硬要举出2013年7月以来问题产生的特征，则得到“发售后一年”这一点。

比较行驶后和出货前最后检查，就能举出“在实际道路跑了一段时间”这一点。遭到投诉的500辆车，都是“过去6个月内生产出来的产品”。

接着，整理特征及周边的变化。可以列举出“为了销售顺利，把当初预定生产5000辆的数量增加到20000辆”“于是，增加以外籍劳工为主的作业人员”“引进烤漆处理的尖端设备，以提升处理能力”等情况，“变更保险杠的制造商”这一点也可视作出现问题的原因之一。

从以上信息推论出：“剥落”是行驶后出现的，在出货前的检查中并没有发现。关于这一点，或许是在道路行驶时遇到什么冲击。据当地修车厂表示，是“长时间高速行驶后洗车时发现的”，所以也可能和行驶时间的长短有关。如果从收集到的“特征”和“变化”，试着推测产生问题的可能原因，就可以想到下列原因：

1. 由于塑胶材质不耐高温，导致行驶期间镀铬剥落。
2. 由于行驶条件差（路面不平、震动、飞石……）

而承受冲击。

3. 由于长时间且高速行驶，所以受到风压的影响。

4. 由于缩短烤漆处理时间，使得黏合强度变弱。

5. 由于外籍劳工技术不熟练，造成作业有疏漏。

6. 新生意伙伴零件制造商“S 工业”采用的塑胶材质质量不好。

检验在此之中，更有可能的原因是哪些。

如果能毫无矛盾地说明剥落原因就打“○”，有矛盾的就打“×”。

哪个原因可能性较高

假设是“1. 由于塑胶材质不耐高温，所以行驶期间镀铬剥落”，那么从出现问题的是 1500cc 汽车，以及在印度尼西亚、斯里兰卡、埃塞俄比亚、肯尼亚等国出状况的事实来看，是十分有可能的。然而，针对“发生在前方保险杠，然而后方保险杠没有问题”这一点，它就说不通了。如果是因为塑胶材质不耐高温，那么不仅是前方保险杠，后方保险杠也应该有问题。从这个事实来看，只凭原因 1 无法做出具说服力的说明，只能打“×”。

接下来，“由于行驶条件差，例如路面不平、震动、飞石等”这个原因能够说明为何发生在上述国家而且“只发生在1500cc汽车”这一点，如果加上“1500cc汽车使用塑胶材质，耐撞力差”这项条件，也可以说明是原因2。

不过，如果是因为路面不平，那么2012年7月起到2013年6月之间也应该有客户投诉状况。由于对“为什么到2013年7月才出现问题”这一点尚存疑虑，而且也无法只靠原因2对此做充分的解释，所以打“×”。

“3.由于长时间高速行驶，所以受到风压的影响”这个原因能说明为何发生在前方保险杠，后方保险杠却没事，但是它无法说明为什么只发生在1500cc汽车；而且按理说在欧美各国也应该发生才对，于是这个原因打“×”。

如果是“由于缩短烤漆处理时间，所以接合强度变弱”，不仅是1500cc汽车，连2000cc汽车也应该会发生。此外，不会仅是前方保险杠有问题，后方保险杠也会出问题，因此这个原因也打“×”。

假设“5.由于外籍劳工技术不熟练”是问题的原因，

那么为何只发生在1500cc汽车，而且只发生在印度尼西亚、斯里兰卡等国？因为原因5无法说明这两点，所以打“×”。

若是“6.零件制造商采用的塑胶材质欠佳”，那么无法说明“只发生在部分地区”“2013年7月之后才发生”这两点，这个原因也打“×”。

像这样进行筛选作业之后，原因1至原因6都无法单独且毫无矛盾地解释已确认的发生的事实和未发生的事实，因此全部删除。

这次“保险杠的镀铬剥落”问题并不是单一原因造成的，因此可以认为是由几个因素复合而成。“只出现在1500cc汽车”“发生在印度尼西亚等热带和路面不平的国家”，从这两项事实来看，可以考虑是否为原因1和原因2复合构成主因。

检验是否能以这两项复合原因做出与事实相吻合的说明时，发现它无法解释为何2013年7月后才出现问题。

于是想到“当时在缩短烤漆处理时，有一段不稳定时期，因此发生在那期间所生产出来的汽车上”这一点，所以或许和原因4也有关系。

验证和确定真正的原因

像这样筛选出来的原因是否为关键主因，必须经验证才能确定。

或许有人会认为："一开始就应该把原因合起来看。"如果从一开始就一起审查，验证的范围会非常大。于是先检视单一原因，当单一原因都被否定之后，再将各个原因组合成复合原因做检验。

比较正在发生问题和应该发生问题却没发生的部分，发现差异，寻找变化，由此推测，检查那些选项是否能够完美地说明发生的事实和未发生的事实。

按照这样的步骤进行分析，不用做徒劳无功的调查，也不必采取无用的对策，就能有效率地查明原因。

表1 查明彪马Ⅱ 1500cc 汽车发生镀铬剥落的原因

<table>
<tr><th></th><th></th><th>发生的事实
（Is）</th><th>未发生的事实
（Is Not）</th><th>Is 的特征</th><th>和 Is 特征有关的变化，变化的内容</th><th>时间</th></tr>
<tr><td rowspan="2">目标</td><td>对象</td><td>彪马Ⅱ
1500cc 汽车</td><td>彪马Ⅱ
2000cc 汽车</td><td rowspan="2">● 保险杠使用塑胶材质（2000cc 汽车使用铝材质）</td><td rowspan="2">● 塑胶材质和铝材材质比起来,重量轻、耐热性差、较不耐撞</td><td></td></tr>
<tr><td>现象</td><td>镀铬剥落</td><td>烤漆不均、褪色</td><td></td></tr>
<tr><td rowspan="2">地点</td><td>场所</td><td>印度尼西亚、斯里兰卡、埃塞俄比亚、肯尼亚</td><td>欧美各国</td><td rowspan="2">● 热带雨林
● 热带草原气候
● 水源状况差
● 路面不平
● 直接承受风压</td><td rowspan="2"></td><td></td></tr>
<tr><td>部位</td><td>前方的保险杠</td><td>后方的保险杠</td><td></td></tr>
<tr><td rowspan="2">时间</td><td>日期</td><td>2013 年 7 月以来</td><td>2012 年 7 月到 2013 年 6 月</td><td rowspan="2">● 发售后一年
● 以高速行驶
● 在实际道路上行驶了一段期间</td><td rowspan="2">● 增产
● 增加作业人员（以外籍劳工为主）
● 引进烤漆处理的尖端设备
● 处理时间减半</td><td rowspan="2">6 个月前</td></tr>
<tr><td>场合</td><td>行驶后</td><td>出货前的最后检查</td></tr>
<tr><td rowspan="2">程度</td><td>数量</td><td>500 辆／10 万辆</td><td>500 辆以上，其他没出问题的部分</td><td rowspan="2">● 过去 6 个月内生产出来的产品</td><td rowspan="2">● 开发时虽预定在铝材质上镀铬，但中途变更在塑胶材质上镀铬
● 引进尖端设备当时，接合上有不稳定的时期</td><td rowspan="2"></td></tr>
<tr><td>倾向</td><td>增加的倾向</td><td>减少和稳定的倾向</td></tr>
</table>

（续表）

推测原因（着眼于 Is 的特性、变化）	筛选原因（推测的原因是否能够说明 Is、Is Not）							
	目标		地点		时间		程度	
1. 由于塑胶材质不耐高温，导致行驶期间镀铬剥落	○	△	○	×	×	△	×	△
2. 由于行驶条件差（路面不平、震动、飞石等）而承受冲击	×	△	○	△	×	△	△	×
3. 由于长时间且高速行驶，所以受到风压的影响	×	×	×	○	×	△	×	×
4. 由于缩短烤漆处理时间，使得接合力变弱	×	×	×	×	○	△	×	×
5. 由于外籍劳工技术不熟练，造成作业疏失	×	×	×	×	×	×	△	×
6. 零件制造商“S 工业”采用的塑胶材质欠佳	○	△	×	×	×	×	×	×
7. 1 + 2	○	△	○	△	×	△	△	△
8. 1 + 2 + 4	○	△	○	△	○	△	△	△

◎ 查明“真正原因”的关键

发生出乎意料的状况时，常会在假定的因素之间摇摆不定，难以判断什么是关键原因。在这个时候，即可运用前面提到的有效率地查明原因的技术。而以下要进一步描述的是，活用这项技术的注意事项。

关键 ❶ 着眼于未发生问题的事项

如果发生意料之外的问题，通常会想要把正在发生的事实的相关资料、即将发生什么事、在哪里发生、何时发生、发生到何种程度等信息拿到手。

然后根据确定的资料来思考“究竟是什么原因”，通常会出现几个选项。当每个选项都可能是原因时，或许就必须再验证一番所有可能的选项。

由于验证既花费时间又花费金钱，所以一般都是筛选到某种程度之后再验证。但是，如果只依靠发生事实的资料就锁定某个原因，那么验证时就会出现问题。

举例来说，以往盛开的仙客来最近枯萎了。一看见枯萎的仙客来，就去思考为何会这样，可以想出各种原因，例如浇灌过多、土壤不佳、缺乏日照、肥料不够……

在日照充足的隔壁房间里，有同一个时期、同一个业主买来的仙客来，如果它是盛开着，就可以拿来跟这株枯萎的仙客来做比较，检视它为何不会枯萎，有什么地方不同。

如果使用的土壤、肥料以及浇灌量都一样，只因放置场所不同而有所差异，那么大概就可以归因于日照不足。

像这样，在有相似条件而没有发生问题的事实存在时，便可借此判断删去一些假定，接近可能性更高的原因。

发生问题时，如果仅仅凭正在发生的事实来锁定某个原因，之后就有可能反省“为何会做出那样的错误判断”。

实例

位于S县K市的保健所，在检查从辖区内的4家公司下属的5家工厂收集来的肉制品时，有两家公司下属的两家工厂生产出来的火腿、香肠等产品中发现O-157菌。负责检查的职员判断细菌是工厂在生产过程中滋生的，就向上司报告："事态严重。"重视该状况的S县下令制造商停止生产并回收流入市场的产品。

事后，真相大白。原来是负责检查的职员将13种检体放入各个试管之后，在第十四根试管里放入了保健所持有的实验用O-157的"标准菌"，然而他在试管盖子开着的情况下，就更换起培养液，因此第十四根试管里面所附着的O-157菌飞散出来，落入了需要检测的产品检体的试管里。

当职员报告"事态严重"时，身为负责人的保健所所长难道没有过"等等！如果保健所的产品检体发生问题，那么在工厂的产品应该也有问题。那个地方的情形又是如何"这样的疑问？

抽样的产品如果被发现有O-157菌，按理说会发现其根源所在的工厂的产品也应该存在这种细菌。没想到所长完全没考虑到这一点，就只看装进眼前试管中的检体来锁定原因。现在这么说，也无济于事了。在下达回收命令之前，就应该进一步设想：“工厂里的其他产品是什么情况？”

以下达回收命令的日子为分界，从店家全都撤掉被当作犯人的制造商的产品，销售该产品的大型超市遭受大批顾客的投诉。制造商的正式员工放无薪假，兼职员工被解雇。

之后，S县和遭到无妄之灾的两家制造商进行和谈，以合计约5742万日元的损害赔偿金达成和解。至于宣称要取得26.1亿日元赔偿的超市，法官则判决不支付赔偿金。另外，已制作中元节礼品小册子的百货公司则以626.4万日元和解。

为了不再出现这样的错误，在问题发生时，不能只看问题就锁定原因，而是要稍等一下，想一下“其他的情况是怎样”，着眼于与之有相似条件，应该也会发生问题却没有发生的事物上。除此之

外，应该检验提出的假设是否和现实状况有矛盾，
再锁定原因。

关键② 分离问题能避免混乱

当问题发生时，尽管有多个对象或异常，我们通常倾向于把它们汇集起来分析。

举例来说，某项产品的制造工序状况频出。当要“查明某产品制造工序频繁发生状况的原因”时，尽管发生异常的原因有许多方面的解释，但如果全都聚在一起做检视，便容易把焦点锁定在那些能说明全部异常现象的共通原因上，例如工作人员松懈、管理人员怠慢等。

如果一个个锁定这些异常来查明，才能够出现“模具有缺陷”“因作业中断致使机器冷却下来”之类的具体原因。

实例

一家铝制造商参加研习时，举出一则案例。他说一位参加研习的人提供给影片制作商的聚苯乙烯板（ＰＳ板）上有伤痕，由于不知为何会出现这些瑕疵，所以一定要查明这是怎么回事。

刚开始分析时，总是进展不顺，一直没办法锁定在哪里出现，什么时候出现。询问对方为什么，对方表示，“虽说都是伤痕，但其实可细分成很多种，而且每一种伤痕出现的地点不同，出现的日期也是分散的”。进一步询问是怎样的伤痕，对方回答：“有十几种伤痕。”

于是，第一步是确认在这些伤痕中，出现频率最高、影响程度最大的是哪一种。从中就筛选出了“刮痕”并据此开始查明原因，如此一来就进展得非常顺利。

有一句话是这么说的：“分开处理，就能解决问题。”细分问题再分析，事情就能顺利进行。也就是说，如果想一次讨论多个异常现象就能查明原因，会遇到很多困难。

将相互有密切关系的问题凑在一起分析，就会造成一片混乱，最好还是分开。如果不分开来，讨论起来就会东拉西扯，不着边际，难以筛选出真正的原因。

关键③ 谨慎对比差异

如果某个事物出现异常，而有类似条件的事物却没有出现同样的状况时，那么发生异常的事物应该会与有类似条件的事物有不同之处。如果是在某地区发生，而相邻的地区没有问题，那么发生问题的地区应该有什么特殊之处导致其不同。

想要有效率地查明原因，关键在于“对比差异”这个步骤。

据此更深入地考察，就能确认清楚真正的主因。举例如下。

实例

有一家咖啡制造厂，负责检查的人在某日美式咖啡出货前的检查中，发现味道有些奇怪，便询问了生产负责人。他得到的回答是：“真的是这样吗？从这星期开始使用的是越南产的咖啡豆，多少有些扭曲变形，质量也与以往使用的哥伦比亚豆不同，所以正担心呢！”

和哥伦比亚豆相比，虽然越南产的咖啡豆部分形状扭曲变形且大小不一，但由于符合公司的标准而且成本便宜，还是采用了。

只是负责检查的人对味道“因生产批号而异”这一点存有疑虑。“虽然刚才说味道有点奇怪，但并不是全部。有奇怪味道的是第一批，第二批就没有问题。如果第一批和第二批使用的都是越南产的咖啡豆，那么就不能说原因出在咖啡豆的形状了，不是吗？”于是他再次对负责生产的人员提出疑问。

这家制造厂采用两班制轮班，第一批美式咖啡是从早上七点到下午三点值班的A班人员生产出来的，第二批则是从下午三点到晚上十一点值班的B

班人员生产出来的。他们使用相同的生产设备，遵照相同的操作手册，而且以相同的原料进行生产。

在工作交接时，生产负责人向作业员确认："有什么异常吗？"对方回复："都没有啊。"

生产负责人推测，B班人员生产出来的成品没有异常，而A班人员的出现异常，这表示生产方法上应该有所不同。

如果把A班和B班做比较，发现A班的新员工多，B班的老员工多。因此，他问B班的老员工："这次没特别下什么功夫吗？"老员工回答："没特别做什么，只是留意到有些扭曲变形且大小不一的豆子，所以比平常作业更加小心谨慎而已。"他问道："具体做了些什么？"老员工表示："就只是在生产过程中，会根据咖啡豆的颜色多次调节火候罢了。"听闻以上说明，负责人判断：差别在于是否在生产过程中频繁调节火候，也就是在温度的调整上。

然而，B班老员工没有把所做的微妙的温度调节写在操作手册上。

听到老员工所说的，新员工抗议说：“我们想说照一般的作业就可以了。要配合咖啡豆频繁调节火候这一点没写在操作手册上，这也很令我们感到困扰啊。”对此，老员工回应说：“这是常识！”

生产负责人判断：关于这次的问题，虽然使用越南产的原料是远因，但主因其实是没将“使用扭曲变形的原料的过程中要频繁检查确认火候”这一点写进操作手册里，因此没有执行。

以这则案例来说，“发生什么事”的信息来自越南产的咖啡豆发生问题，而哥伦比亚产的没有异常。如果仅凭这一点推测原因，就会把它归咎于使用了扭曲变形的越南咖啡豆。然而这个故事告诉我们，进一步取得如“发生在哪一批”“发生在哪个时段”等信息，而且深入细究其批号、时段，就能找到真正的原因。

如果问题出现在某个事物上，有类似条件的事物却没有出现同样的问题，那么把这两者放在一起做比较，一定会有什么不同之处，应该仔细、深入地寻找差异。

关键④ 不要遗漏变化

如果突然出现问题，势必是某处发生了什么变化。变化依当事人是否注意到而分成两种。如果当事人没注意到，那么必须小心地确认：在问题发生的前后，难道没有什么变化吗？接着检验该变化是否引发这次糟糕的状况。如果引发的可能性高，那么它就是原因所在。

以往没问题的事物突然出现异常，这表示该变化产生了很大的影响，所以如果注意问题发生前后的不同，就必然发现和原因有关联的事物，据此也就能有效率地查明原因。

接下来要说的不是什么值得赞扬的事，却是我在职场上的亲身经历。

实例

当时在我工作的地方有个习惯，就是一到休息时间，女同事会轮流端茶给我们这些男同事喝。

一天下午三点的休息时间，我想她们会如往常那样端茶给我，所以一直等着。但等了半天都没有等到茶。一看，才发现她们已经在一旁吃零食、喝茶、谈笑。

虽然没端茶给我，却端给了年轻的男同事。我忍不住叫了一声：“喂，也请给我一杯茶！”对方以恶劣的语气回答：“啊，课长也要喝？不好意思啊！”所有女同事好像在看仇敌那样看着我。

不久，女同事一句话都没说，咚的一声就把茶丢在我桌上。而且虽然倒给我了，却没有和平常那样一起关照坐我隔壁的股长。不管怎么想，都觉得这情况有别于往常。

因此，我细想是否得罪了这些女生，但完全想不起来发生了这样的事。

到昨天为止都端了茶给我喝，今天早上碰面时，也都像以往一样互相打招呼，早上十点的时候，还心情很好地端茶给我。

那么，可能是在那之后的什么行为招惹到她们了吧。

不仅没端茶给我，连股长也没有，我和股长两个人可能有个共同点。

我努力回想早上十点以后发生的事，结果想到一件事。午休时，我和股长聊到一个话题——“那天早报登出某银行的女职员被坏男人欺骗，私吞了银行几亿日元。”我们夹杂着笑声高谈阔论：“总之，女人啊……”一定是女同事听到了这番谈话，误会我们是在说她们，因此她们生气了。

年轻男同事不在场，所以他没事。祸从口出，这也让我重新认识到，“发生突如其来的状况，变化是原因所在”。

关键5 避免先入为主的观念

有不少例子显示，先入为主的成见或坚信的某个想法会阻碍查明主因，所以必须小心。

如果从成见锁定原因并指示对策，在判断失误的情况时，纵使采取对策也不会有什么效果，问题仍会持续发生。或者，如果总是马虎行事，那么即便有重要的信息出现也容易忽略，认为和这次的问题无关。最后没办法只好回到起点，再度探索其根源。

重大问题发生而主因不明时，应当尽可能不预设立场搜集资料。

虽然这么说，但我也曾有过以先入为主的成见或坚信不疑的信念指责别人，对此内心感到羞愧。

实例

一次借用某饭店的会议厅举行“破解问题暨强化意志力研习”的公开研习会时，在会议中听见“唧”的怪声。

当听到这个声音时，我立刻认定是某个参会者发出的。“究竟是谁发出来的声音？”我朝那声音传来的方向望去，注视坐在那里的参会者。于是，我发现有一位参会者露出好像在强忍什么似的表情。他是任职于A公司来参加研习的B先生。我从B先生的表情判断发出怪声的一定是他。

不久，又有“唧”的声音，我向犯罪嫌疑人B先生看过去，但这次他露出温和的表情。发出怪声的人好像不是B先生。

“犯人”是别人。“犯人是谁？”我想了一会儿，看了看B先生的邻座，那是这次带着感冒来参加研习的C先生。我想起C先生在第一天的自我介绍中，说自己现在发烧，担心身体状况，不知能否撑过这3天。或许是因为发烧而发出怪声，又或者他是有这种怪癖的人也说不定。这么一想，不知怎么就觉得一定是C先生。

第二天又出现让我害怕的“唧”的声音。我朝声音传来的方向看去，但那里没有B先生和C先生的身影。如果B先生和C先生不是“犯人”，那么“犯人”究竟是谁？是谁发出了困扰我的怪声？我搞不清楚“犯人”是谁了。

最后，这场研习会在不知道“犯人”的情况下落幕。结束后，我把这件事告诉饭店前台人员，得到出乎意料的回答：“该不会是风吧！”“您这次使用的会议厅旁边，有员工、厂商出入的通道口，厅门开开关关，有时候会有风灌进去，如果偶尔出现强风，就会形成怪音。如果会议厅的门关起来，就能防止这个声音，但如果开着，这个声音就非常有可能会传进会议厅。”

的确，在召开研习会期间风很强，而且会议厅的门呈开放的状态。怪音是在下午四点到六点之间出现的，这个时段是饭店员工下班的时间。

查明原因的过程进行得不顺利的原因在于，我一开始把这个问题认定成“怪声”，而非“怪音”。如果是“声”，就是人发出来的，也就形成了“谁发出来的”这种寻找“犯人”的心态。

如果从一开始就认定成“怪音”，事情的进展可能就不一样了吧。以对事实的掌握来看，由于有先入为主的成见，将是“音”的事实曲解为“声”，就是错误的源头。

如果有先入为主的成见（奇怪的声音=“犯人”是谁）很强烈，就会变成这样。发生问题时，排除成见，而且冷静沉着地掌握事实关系，是非常重要的。

1 着眼于未发生问题的事项

2 分离问题能避免混乱

3 谨慎对比差异

4 不要遗漏变化

5 避免先入为主的观念

图5 分析关键主因的 5 个关键

◎“分析关键主因技术”的应用

发生原因不明的问题时，查明真正的原因的步骤和关键如前面所述。接下来说明这个“分析原因”的概念在实际工作中的应用。

应用❶ 进展顺利的理由，同样重要

当不希望发生的事情发生时，如果缘由不明，可运用“关键主因的分析技术”。但进展顺利时，若不明白“进展为何顺利”，也应该分析其原因。毕竟在了解真正的原因之后，其应对策略也会有所改变。

实例

一家大型乐器制造厂的木吉他订单量比前一年增加了50%。应对骤增的订单，员工打算扩大生产规模。不过，冷静的部门经理下令暂缓。

“请等一下，先查明销量突然暴增的原因吧。”

有人说：“难道是古典音乐再度流行？”然而，即便古典音乐再度流行，销量也不至于增加50％。而且如果木吉他销量暴增，那么木吉他以外的乐器销量也应该提高才对，但其他的乐器没有如此的销售成绩。

调查后发现，骤增的木吉他订单集中在欧洲市场，美国并没有像欧洲那样。

难道是欧洲市场发生了什么事？这家乐器制造商在欧洲并没有那么强势，那里是被韩国制造商独占了的市场。尽管了解这一点，还是不知道订单为何会转移到这家厂商。

然而如果确认抢占该市场的是韩国，就可以这么想：“难道韩国制造商发生了什么事？”

进一步了解后得知，当时韩国发生激烈的罢工潮，罢工导致木吉他的交货稍有延迟。此外，也确认了“韩国的乐器工厂发生火灾，制造商暂时停止供货”这个事实。

如果是罢工潮和火灾事故，韩国的状况是暂时的，假以时日应该就会恢复。自家公司在扩大生产规模时，韩国的制造商随时都有可能再夺回市场占有率。

最后，这家乐器制造商做出“投资设备、扩大生产并非上策”的判断。

像这样，依照表面现象应该要迎接“销售骤增”而产生相应对策，为何会大转弯？如果在原因不明的情况下决定并执行策略，之后就会受其决策的影响。

于是，不仅是要追究“为什么会卖不好”的原因，倘若不知“为什么能大卖”的原因，最好也要再进一步分析，若是知道为什么，对策也会有所改变。

实例

这是一家做镀锌焊接的公司真实发生的事。一天，下属向厂长呈报焊接作业有问题。报告中提到：“虽然可以焊接，但过程几乎都不顺利。”

于是厂长问下属：“你说几乎都不顺利，是全部都不成功？”

下属回答：“嗯，是的。100 次中有 99 次失败。”

厂长接着问：“照你这么说，是有一次进行得很顺利？”

下属回答：“偶尔有做得好的时候，但可能是运气好吧！”

厂长说：“不是运气好！那 1% 的成功案例应该有什么特征？是在什么时间，采取什么样的做法之后，才顺利进行的呢？你再去调查看看吧！”

调查后发现，要到午休的警笛声响起时，焊接的工作才能做好。午休时间一到，大部分的机器会停止运作，难道和这一点有什么关联？仔细调查之后才了解到，原来和电压有关。

厂长说："在这项作业中，不是运气好，也不是偶然，必定在哪里有什么不同点。"

不要随便找理由，如"几乎不行"这样的说法；要像这样，不放过那个不一样的顺利情况，也就是"Is Not"，这一点很重要。

应用❷ 从有限的资料着手，也能分析原因

分析原因时，如果是非常棘手的问题，会凭借"目标"（对象和现象）、"地点"（场所和局部）、"时间"（日期和时段）、"程度"（数量和倾向）四个方面收集资料，从相异点、特殊变化来推测原因。然而，并不是所有的问题都得采取这种方法全面掌握不可。

根据问题，有时只着眼于"局部"或是"时段"来寻找不同点，借以接近真正的原因，也是没有问题的。

实例

这是一家工厂发生的问题。他们用NC机进行精密加工作业，然而加工准确度出现了偏差。现场人员说："出现偏差的原因是作业环境的温度不稳定。"据说，时常会出现温度不稳定，NC机就出现细微失准的状况，所以希望引进恒温设备。"虽然要耗费很多资财，但这也是不得已的！"虽然工厂干部这么想，但还是要再针对相关问题细问现场负责人。

"那么，什么部分的精准度拿不准？"

"A部的。"

"如果在A部拿不准，有没有和该部条件相同，按理应该拿不准却拿得准的地方？"

"这么一说，不知为什么B部的精准度却没有问题。"

"B部是不受温度影响的地方？"

"不是，没那回事。它和A部的条件一样。"

"如果是那样，'原因在于温度不稳定'这一点就奇怪了。如果原因出在这里，那么在B部也应该会发生才对。A部和B部之间难道有什么不同点吗？看看是加工的难度、材质或是什么，你再仔细地寻找它们之间的差异。”

像这样分析是否有温度不稳定以外的原因，结果发现，原因并非来自温度，而是A部的材质有问题。

即便像这样只锁定“局部”，但能以此灵活地检验深信不疑的观点，了解关键原因，也能避免浪费时间和金钱。

不理想的事情只发生在某个时段，除此以外的时间都不会发生。如果是这样，那就可以假定：发生问题的时段有什么不同点，而它会极大地影响结果。

实例

这是个半导体生产工厂的故事。这家工厂生产的集成电路不良率高，很令人伤脑筋。相关人员聚在一起分析为何会有这么高的不良率，但总是不得其解。不良的状况一天发生数次，偶尔出现且不分昼夜。虽说是偶尔发生，但感觉是有规律的，只是仅仅看作业现场，不能知道为何集中在特定时段发生。

一天，一位员工偶然走到工厂外面，他看到有列运货列车正经过附近的交道口。这个交道口是运货专用的支线，列车一天通过3次。他一边看着列车长长的车厢通过，一边想着产品瑕疵的问题。听着列车通过时发出的轰隆声时，他发现自己脚下也会跟着摇晃。也就是说，这时工厂里会晃一下。

难道列车通过时的震动和瑕疵品的产生有关？或许列车通过和瑕疵品发生的时段是一致的。对照一看，结果确实是那样。

虽然这个案例是在偶然间发现原因，但如前面所述，“在相同条件下，如果把发生问题的事物和没发生问题的事物做比较，势必有差异”。按照这样的思考方式，即便只锁定“时段”取得资料，也能在最初的阶段锁定原因。

应用❸ 活用“差异”而非“差距”

虽然应该利用“关键主因的分析技术”与他者做比较，找出差异，但人们常做的是和竞争对手公司一较高下。当去做比较以找出不同点时，也会发现规模大小之类的“差距”，而若专注在“差距”这一点上就难办了。不过，如果着眼于“差异”而非“差距”，就能打开活路。

实例

日本关西的 N 市有一家名为“H 电机”的商店，出售国际品牌的产品，是长年在该地开店的老店铺。然而，最近同时有两家大型超商开幕，两家超商都销售家电产品。于是，H 电机的老板 H 先生前去视察敌情。回来后，他跟一起工作的唯一员工，也是他的儿子 S 先生说：

“惨了，我们比不过他们，只好举白旗投降，关门大吉了。”

“我们有那么差吗？”

“和我们的店相比，他们的卖场宽敞明亮，不仅有国际品牌的商品，还有东芝、日立、索尼、夏普等品牌的产品，而且价钱还比我们便宜。真的不行了！”

“爸，请等一下。或许确实如你所说的那样。但是，你所说的是对方所具有的强项，如果要比较，我们不是也有独一无二的优势吗？”

“我们有这样的优势吗？”

“有啊。例如在他们那里买冰箱或洗衣机，要等两到3天才能拿到，但如果在我们这里买，当天就能取货。在他们那里买电视或录放机，东西送到放好，送货员就离开了，如果我们这里配送，要帮忙安装到能看得到画面没有问题才离开。

“此外，即便电视有问题，拿到他们的卖场，修理一次恐怕要花两个星期左右。但如果是我们店铺，当天就能修好，第二天就能送还给顾客。你看，这就是我们的优势。”

“原来如此，确实是这样。再稍微多找一些我们的强项，然后写在传单上，跟他们一决胜负吧。”

听说这家店活用了S先生的提案，把印着“承蒙惠顾的商品，当天就能送达府上，而且免费设置、安装；委托修理的物品隔天即能送回”的传单制作出来分发。结果，这家店的销售额比大型超商进驻前高出好几倍。

有弱点，也会有优势。试着做比较并找出差异。如果弱点能改善就改善，如果难以改善，不如去发掘强项，设想要如何扩展它才是明智之举。如果好好动脑筋，也能以小虾米对抗大鲸鱼，这一点是H电机的案例给我们的启示。

日本汽车龙头企业之一本田公司的相关人员，曾亲切地谈论第二代董事长河岛喜好常说的一句话：“要活用‘差异’，而非‘差距’！”河岛先生说：“‘差距’这个东西怎么也不好办。人啊，因为长得矮而想要长高，即便想这么做，但努力也会有个限度。即便感叹企业规模小，又有什么办法。虽然对自己是个矮个子或企业规模小而感到自卑，可是要把差距隐藏起来是很困难的。所以，并非要把差距隐藏起来，而是要找出其中的差异，这才是靠人的努力能够达成的。”

> 的确，刚进军汽车产业的本田，如果和丰田、日产等公司一较高下，应该会输得一塌糊涂。但就是因为拼命努力制造丰田、日产等公司所没有的产品，才有今天的本田。可以说，因为不是靠“差距”，而是以“差异”一较高下，本田才得以茁壮成长。

应用④ 反驳无理要求要理直气壮

当别人说“这是瑕疵品，给我重做！”时，一般人都会低着头回答：“我知道了，非常抱歉”，而且开始重做。如果确实是我方的错，就必须得这样做。但如果情况不是这样，那么就不要觉得“因为对方是重要客户”，而非得唯唯诺诺地听令不可。

如果出现这种问题的责任在对方身上，那么当单方面地被数落，而且有其他应该出现瑕疵却没有出现瑕疵的产品存在时，便能理直气壮地反驳说：“那就怪了。原因不在于我们而是别人，不是吗？”

实例

客户G公司对汽车零件制造商“S金属”提出如下要求：由于S金属供给的某个产品在加工的过程中崩坏了，所以请再生产一次给我们。

因此，S金属的厂长指示制造课长重新生产。这位制造课长是一位遇到自己不服气的事不会乖乖顺从的顽固的人。

课长：“为什么非得重做不可？”

厂长：“客户都已经说是瑕疵品了，难道还不重做吗？”

课长：“同样的货物交给N公司和T公司都没有问题。当初洽谈时，说好交的货和我方交给N公司和T公司的一样就可以了。既然已按照先前所说的生产并交货，所以责任不在我们身上，不是吗？”

厂长：“虽然这么说，但如果不想办法解决，G公司的生产线就会停滞。现在不是据理力争的时候。”

课长：“我们可以再做一次，重新做好，但这么做会产生费用。不是我们的责任，却唯唯诺诺地答应对方，这样实在很奇怪！我认为有必要找出真正的原因。”

不服厂长指示的制造课长，调查了G公司、N公司和T公司的相异之处。了解到G公司加工时所使用的机器转速与其他两家不同。G公司的是1000转，N公司和T公司是2000转，用转数快的机器就不会出问题。由于和G公司洽谈的时候，对方说“交给我方的货和交给N公司、T公司的货一样就可以了”，而且已经按照约定交货了，所以不是我方的错，责任在G公司。制造课长认为：“虽然答应重新生产，但要要求G公司支付款项。”

课长首先跟厂长说明状况，而且一肩扛起重任地说：“请交给我处理！”然后去跟对方的负责人说出自己的想法。

G公司的负责人也是个讲理的人，因此认同制造课长的主张。S金属的工厂里有转数快的机器，所以在自家公司加工之后，再将做好的零件交给G

公司，以化解这次的危机。当然也让G公司答应负担加工费。

英文单词Reasonable，意思“合理的”“讲理的”。像这位课长能秉持合理的主张，那么说服对方的概率就会提高。

交给对方的货品在发生异常时，对方立即就指示：“给我全部检查，重做！”有时全数检查、重做是必要的，不过，灵活运用“关键主因的分析技术”，尽快确认真正的原因，就能避免发生这种“不做也可以”的事，原先低头一方的立场也能有所改变。

专题 原因未经分析验证，都必须再思考

人们在发生什么不好的事情时，很容易不假思索地认为：“因为有很多人这么说，所以原因就是这样吧。”不过，有时也有必要抱持“这是真的吗”的怀疑态度。尽管当下进展不顺利很正常，但是当有进展顺利的例外情况时，若能以“那里难道有什么不同之处”去思考，那么不仅表面的原因，更具说服力的原因也会浮现出来。

2011 年 3 月 11 日，日本东北地区太平洋近海发生地震，造成了巨大的灾害。

东京电力公司的福岛第一核电厂，因反应炉围阻体爆炸，放射性物质外泄，致使附近居民很长一段时间得疏散至其他地区，无法居住在那里。这与其说是天灾，还不如说是人祸。

说到“反应炉围阻体爆炸事故的原因何在”，坊间的

说法是：“那是意想不到的大地震和大海啸造成全面停电所致。”

“的确，大地震和大海啸袭击福岛第一核电厂，把应该让反应炉冷却的外部交流电源和应急发电机全都夺走，所以或许可以说，直接原因是大地震和大海啸。”

不过，仔细考察就会发现，有些核电厂跟福岛第一核电厂的一至四号机一样，也受到大地震和大海啸的袭击，但没停电也没发生爆炸事故。

同是福岛第一核电厂的五号机和六号机组也没爆炸，宫城县女川町的东北电力女川核电厂也没有发生爆炸事故。

查明原因的程序中，那些发生状况的事物称为“Is”，同样的条件下，应该会发生状况却没有发生的事物称为“Is Not”。福岛第一核电厂的一至四号机是“Is”；同是福岛第一核电厂的五号和六号机以及女川核电厂，按理说也会发生爆炸事故却没有发生，所以是“Is Not”。虽然福岛第一核电厂的五号机完全失去交流电源供电，但还有一台六号机的应急发电机能够运作，使得电力畅通，能够进行冷却，因此完成了降温停机。

若要检视“一至五号机和六号机的不同之处”，即可发现当外部交流电源无法供电时，只有六号机的应急发电机可用。

“为何六号机的应急发电机是可以用的？”那是因为这台发电机是“气冷式”的，而且放在水淹不到的高处。再者，这台发电机并不是早先就设计完成，而是几年前奉日本原子力安全保安院的命令增设的，那时选择了比水冷式便宜的气冷式。由于气冷式不需要注入冷却水，所以放置于高处。由于这些偶然的巧合，六号机因此获救。

把发生事故的福岛第一核电厂和另一个没发生事故的“Is Not”女川核电厂做比较，找出不同点，则会发现福岛第一核电厂为应对海啸建立防潮堤时，假定海啸的高度是 5.5 米，而女川核电厂的假定是 9.1 米。

女川核电厂考虑到满潮的情况，因此把防潮堤建在距满潮位置 200 米外的内陆高地上。而且据说女川核电厂所处的位置是过去曾受过几次海啸侵袭的地带，所以将防潮堤建在海拔 15 米的高处，使得女川核电厂这次逃过一劫。

福岛第一核电厂因海啸完全失去交流电源供电，以备不时之需的应急发电机除了六号机之外，也全都安装在地底下，因此被水淹没，无法运作。

反应炉并不是被海啸冲走，它确实自动停止了。如果冷却也做好，就不会发生放射性物质外泄的爆炸事故。“如果有不让电源同时失去功用的应对策略就好了”，相关人员这样深刻地反省，但为时已晚。

如果知道问题发生的关键主因，就容易想出对策。

福岛第一核电厂发生爆炸事故，如果草率地看作是“大地震和大海啸的来袭所致”，那么在问到“是否有阻止它们的对策”，答案会是“没有有效的预防对策”。要阻挡20米以上的大海啸来袭，充其量只能建造防潮堤，但如果是那样，就必须花费巨额的资金，进行规模庞大的工程。

另外，这次爆炸事故，如果是全部电源同时无法供电的缘故，那么今后不管是哪个核电厂，为了防止大地震或大海啸来袭导致所有电源无法供电，就要把电源装置设在高处或分散设置，以避免发生无法供电的状况，就能确保万无一失。如此一来，像那样花费巨额的资金和漫长的时间的工程就没有必要了。

原反应炉设计者暨管理顾问大前研一，在日本著名杂志*SAPIO*上提出和我相同的主张：“只要能做好冷却，就不会发生爆炸，所以无论遇到多大的地震、海啸，又或者是民航机坠落、遭受恐怖分子袭击等，只要确保反应炉有电源和冷却源就行，而且这两者应采取‘多样化和多重化’的准备。总之，要预备不同原理的相关设备，而且增加其数量。”

如果能将防止所有电源无法供电的准备做得充分完善，虽不能说绝对没有问题，但至少可以避免发生像这次一样造成巨大灾难的爆炸事故。

发生不希望发生的事情时，当大家说：“原因就是这个。”乍看之下，会认为“可能确实是这个原因吧！”但要再冷静地设想一下其他可能。

如果有应该会发生却没发生的“Is Not”存在，那么自己所假定的原因可能只是表象的原因，而不是真正的主因。因此，找出“Is Not”非常重要。

第2章

最佳方案的制订技术

◎ 8 个步骤，准确得出最佳方案

做“决定”是最难也是最重要的工作。对组织和企业而言，最终目标就是拿出最佳成果，成果只能靠准确的行动获得，而这又建立在确定正确的结论上。因此，组织应该要求员工必须做出最恰当的抉择。

合理思考，才能得出正确的结论

在企业环境日新月异的今日，我们被要求快速得出结论，然而快就容易出错，错误的决策会造成更大的麻烦。当我们在做决定时，倾向于立即得出结论，只会从眼前的选项中选出自己看中的，而非深入地思考“为什么是这个选项”。假如只有一个选项，则研究是否采用它；有多个选项时，一般人通常就看每个选项的优缺点，然后综合判断哪个是最好的。

有时，人们会把候选方案一字排开做评估。然而在这种情况下，一般人不会从多个方向考量，只以特定的项目评估。而且虽然知道必须讨论该重视的事项，但由于不喜欢意见分歧导致的纷争，所以时常在含糊不清的状态下做判断。此外，对于自己中意的项目，即便知道多少有些风险，也常以“总有办法”这种乐观的心态做决定。在这样的状态下，难以说明为什么得出这样的结论。

日本人大多是怎样做决定的呢？与其说是快，还不如说是倾向于模棱两可。不明确说明以什么标准评估，却只说：“是综合考虑的结果，这个判断是最好的。”然后，很多人便世故地附和：“或许是这样！”

然而，现在社会强烈要求“能够条理清晰地解释‘为何如此’”的说明义务和说明能力，也就是要有人出来解释及承担责任。如果是基于合理思考得出的结论，则要让人出来解释及承担责任。

通过“最佳方案的制订技术”，有可能快速得出最正确的结论，因此以下将对它做详细说明。

步骤❶ 确立所决定的目标和事项

“最佳方案的制订技术”第一个步骤是确认所决定的目标和决定的事项。

“决定”并不是突然出现的，而是从需要做决定的某些状况或前一阶段中提出的各项方案中判断出最符合主要目标的。

在这当中，首先必须确认为了什么或做这个决定的“目的”，以及要决定什么“事项”。想要提升商品的销售额而采取新的促销措施，则要制订“为了扩大某商品的市场占有率，选定最佳的促销方案”之类的主题。

如果制订的主题不明确、范围太大，或是不去确认主题和相关前提之间的关系就径自分析，讨论时就会东拉西扯，进而得出错误的结论。很常见的一种状况是，当面对范围过大的主题时，不进行拆解就开始分析，怎样都会变成总论性的空泛讨论，无法得到具体的解决策略。

要立即找出解决之道非常困难。正所谓“欲速则不达”，只要细分开来处理庞大的项目或多个决定的事项，事情就能顺利进行。所以，制订主题必须慎重。

步骤❷ 列举可能的目标或条件

其次是列举目标或条件。要在多个候选方案中做选择，首要在于确认标的。没有好好推敲标的，选择决策会花很多时间；即便得出结论，也不会觉得恰当，最后耗时费力，只是徒留遗憾。

在决定方案之前，一定要有标的。所谓标的，也就是目标、条件，具体指的是凭借该方案的执行可以实现的成果，以及在实施方案时，组织可能需要投注的成本，即制约条件。

在有多个候选方案的情况下，目标或条件是比较、评估的标准。在判断前确认标的并取得相关人员一致的意见，关于方案的讨论才能顺利进行，而且得出具有说服力的结论。

我们期待“目标”能够“尽可能地多”。例如，当决定目标是“扩大某件商品的市场占有率”，就会产生“至少要增长几个百分点”“如果可以，想提高几个百分点”等目标。

“条件”则希望它“尽可能地少”。例如，“为此支出的费用在什么范围内”是条件，决定方肯定会选择支出费用较少的方案。

在列举这些目标或条件时，尽量从各种角度提出“我希望是这样”“如果是这样最好”的建议。虽然有时这些建议提出来也不会作为评估标准，但还是应该一开始就提出来。

步骤③ 目标、条件的分类与分级

目标或条件大致都备齐了，接下来就要开始分门别类。

仔细研究列举的“目标或条件”，应该有“尽可能留下的选项”和“无论如何想确保的选项”。把绝对想确保的选项称为“必须目标或条件”（Must），而尽可能留下的则称为“充分目标或条件”（Want）。

“Must”也称为必要条件、前提条件和绝对条件，它要符合三个要点：绝对（即势必实现）、可测量（即可量化）、可实现。

不符合“Must”的选项就不值得讨论，在最初的阶段就可以从候选名单中删去。一开始没厘清最基本的条件会浪费很多时间，这就是为什么要设定“Must”。

例如，买房子的时候，“要有三室一厅一厨”“购房费用在 1000 万日元以内”“通勤时间不超过一个半小时”“必须在明年 3 月前入住”，等等，这些绝对不能妥协的必要条件就是“Must”。只要选项不符合这些前提，无论其他条件有多好，也得从候选名单中删除。

“Want”也称为充分条件、相对条件和希望条件。在符合“Must”之后，就能够以相对标准比较、评估对各个选项的满意度。“房屋面积尽可能大”“尽可能用最少的钱购入”“交通尽可能方便”“购物尽可能方便”“尽可能离中小学近一些”“尽可能靠近基础设施，尤其是公立医院”“绿化环境尽可能优美”，诸如此类的选项就是“Want”。

步骤④ 标示“Want”的重要度

对目标或条件做完分类之后，接下来就是给“Want”标示分数。

以决定目标为基础，“Want”应该在重要程度上有所差别。由于非常重视和没那么重视的选项都掺杂在一起，这时就要用“标示分数”的方式对各个选项进行区分。在1—10分的范围内，最重视的给10分，对各个项目做相对性的比较，确认孰轻孰重。

以购买房子为例，如果压低购房费用的想法非常强烈，那么就会给“尽可能用最少的钱购入”高分。但假如“去小孩的学校和每天购物方便”比“购房费用在1000万以内”重要，生活便利的选项分数就会更高。

如果对得出的结论仍存有疑虑，表示没打分数或决定过于草率，可见标明分数的重要性。

如果觉得“这也重要”“那也重要”，就会无法辨别为了什么做决定。因此，即便一一为选项标示分数会花些时间，但只要评估标准一致，之后的进展就会顺利得多。

有不少情况是，由于选择项目众多，即便一开始是以1—10分标示分数，事情也无法顺利推行。如果是这样，就先分成A、B、C三个类别再打分数。

非常重要的归在A，普通、没那么重要的是B，不太重视、姑且放进评估选项里的就放到C。在这三个类别内再标出个别分数：A的范围是8—10分，B是4—7分，而C是1—3分。

步骤❺ 提出候选方案

确立了评估标准之后，接下来就是确认“有什么样的方法”，也就是决定候选方案。如果没有，就草拟一个吧。倘若已经有好几个，那就整理好跟方案有关的资料之后，立即进入评估阶段。

所谓的方案，是用来达成目标的手段，而手段通常有好几个，只是我们一般不会动脑筋多想一些。就像通往富士山山顶的登山通道有好几个一样，如果从目标思考商业问题，应该也可以得出几种方法。草拟方案的时候，会以过去的知识、经验、资料和相关案例作为参考。而决定目标、确认完成的“Must”和“Want”，也会在各种方案的制订中作为一种指南。所以仔细盯着方案，想想看该怎么做才能更加符合这些要求。

步骤⑥ 评价候选方案

备妥候选方案之后，接下来是判断这些方案中哪个是最佳方案。

以前面所述的“目标或条件”为标准评估方案。做法如下：

首先，检查各项方案是否符合“Must”。即便只有一个“Must”不符合，也得果断删除该方案，另启新方案。

其次，把符合“Must”的方案分别放进各个“Want”中，评估方案在每项“Want”的满意度，最满意者给予10分，对各个方案作相对性的比较，以1—10分为范围标示分数。

接着，将其得分和“Want”本身的分数相乘，再把该方案各个相乘后的数字相加，得出评价分数，最高分即可初步评定为最佳方案。

步骤❼ 评估可能的负面因素

“步骤6”候选方案评估的是正面评价。该阶段结束之后，就要评估负面因素。

所谓“评估负面因素”，就是推测如果打算采用的方案进入实施阶段，可能会发生什么棘手的问题。然后判断推测出来的“负面因素”，检视其发生概率以及其对实现所决定的目标的影响程度。

对于发生概率和影响程度高的负面因素，讨论是否有“抑制发生概率以及降低影响”的任何对策，再确认有什么样的改变。

有时明知有风险，但还是得做决定，就要判断是否能承担这个风险，这就是步骤7要做的。

制订最佳方案时，若将可能的方法或计划直接摆在台面上，就正面因素和负面因素两方面一并讨论，脑袋会开始混乱，做决定的过程也不会顺利。

并不是说不能讨论方案的优缺点，而是为了避免混乱，最好分开评估正、负因素。

步骤 8 确立最佳决策

基于评估标准，对提出的方案进行正面的评估，然后探究是否有风险和问题，最后做决策。

确立最终决策即做决定。从正面因素和负面因素两方面仔细验证，采取最折中的方案。无论是什么决定，在某种意义上来说都是妥协，要以“达到最佳妥协”的想法制订最佳决策。

但在分析结果和自己的直觉不同，无论如何也无法自我说服时，就要再度确认“评估项目是否有疏失或遗漏的地方”“‘Want’的分数是否恰当”“‘Want’项目一字排开做出的评价是否妥当”。倘若不妥当或有需要重新审视的部分，就要修正并重新评估，再定最终的方案。

不过，如果重新审视之后发现这些评估项目都没问题，就能判断是自己的直觉失准、自我信念过于强烈，也就能接受这项分析结果。

如上所述，如果按照下列步骤：决定目标和决定事项的明确化→列举可能的目标和条件→目标、条件的分类与分级→“Want”的评分→提出候选方案→评估候选方案→评估负面因素→确立最佳决策，就有可能排除含糊不清的状况，有效率地做出选择，而且得出颇具说服力的结论。此外，也就能条理分明地说明为何会做出这样的决断。

依循这个理论进行思考的选定程序，能广泛适用于各种问题。举例来说，合作对象、机器款型、设计规划、促销措施、开店地点或海外拓展地点以及人员的选定等问题都能破解。

如果活用这项技术，大家聚在一起制订最佳方案时，就能顺利地展开讨论，而且要得出与会者都能接受的结论也会变得容易得多。

◎ 个案研究与解说

到目前为止大概说明了最佳方案的制订技术，以下通过具体的案例介绍这个技术的应用方式。希望大家看完以下案例，首先依照上述步骤得出自己的结论，再进入解说篇做对照。

步骤 1　确立所决定的目标和事项

步骤 2　列举可能的目标或条件

步骤 3　目标、条件的分类与分级

步骤 4　标示“Want”的重要度

步骤 5　提出候选方案

步骤 6　评价候选方案

步骤 7　评估可能的负面因素

步骤 8　确立最佳决策

图 6　制订最佳方案的 8 个步骤

案例 最佳促销方案是什么？

赢得市场占有率第一的宝座

代表日本的纤维制造商 M 公司，在 5 年前开始生产和销售净水器，以此作为多元化经营的一环。

赶上水质恶化和健康趋势这两股风潮，净水器的需求以市区为中心持续急速增长，但同时新的企业相继加入战场，市场竞争极为激烈。

M 公司虽在创业初期经营上陷入困境，但由于后来研发了独门技术，而且凭借和美国化学品制造大厂的技术合作，大幅提升产品的净水能力，在技术上领先同行业者一大步。M 公司为此感到非常自豪。

基于 2012 年市场调查的结果，预估净水器需求会大幅增长，于是决定将 2013 年的销售重心转向单价较高的业务用大型净水器。

大型净水器在高级饭店、酒吧、餐厅等商业场所越来越普及。最近，学校及其他公共设施也开始配置大型净水器。

不过，和一般家用净水器不同，销售大型净水器有特定的客户群，因此M公司和全日本30家经销商结盟，此举导致M公司对经销商高度依赖。

目前在大型净水器的领域中，M公司的市场占有率在日本排名第二（销售额达26.1亿日元），排名第一的是较早进入的A公司（销售额达28.71亿日元）。2012年秋天M公司发售的新款“爱克乐Ⅱ”系列，对整体销售额贡献颇多。

2013年度，公司高层指示要以“在大型净水器领域赢得市场占有率第一的宝座”为目标，初期阶段打算增加五名销售员。销售部总经理接受指令，指示项目团队：“把26.1亿日元销售额提高到31.32亿日元，夺取市场占有率第一的宝座。如果可以，希望达到33.93亿日元，稳居第一名的宝座。为了达成这个目标，给我策划出强大的促销方案！”除了一般促销费用之外，总经理同意另外拨款7830万日元，作为特别预算。

总经理进一步强调，因为有传闻表示，市场占有率第三的B公司，新产品将在2013年初秋发售，而且该产品的评价超过我们公司的“爱克乐Ⅱ”系列，所以策划案执行时间要“尽早，8月底之前一定要执行。”现在是3月底，剩下5个月的时间。

目前，促销策划团队在讨论以下4个方案。

方案1 刊登宣传广告

广告代理商H公司策划出来的方案是，在报纸社会版块刊登两回一整页广告，同时在相关商业杂志的第六期中刊登跨页广告。

在广告中，最大的诉求点是“爱克乐Ⅱ”的净水系统在某一年搭载在航天飞机，成功执行“将尿液转换成饮用水”的实验，在介绍产品的同时，也刊载日本航天员M的推荐文。

不过，实际上对于M是否能写推荐文，甚至是否要同步刊登在报纸和杂志上，在执行层面都有疑虑。

该方案预计花费7047万日元，刊登的准备工作需要两个月。H公司预估，销售额有望增加6.525亿日元。不过单以广告效益而言，有稍纵即逝之虞，所以广告宣传之后，经销商也必须配合才行。然而，应当有心理准备的是，同行业者也可能会采取同样的广告宣传策略。

方案 2　举办销售竞赛

联合全日本 30 家经销商举办“爱克乐Ⅱ”的销售宣传活动，若有销售员以亮眼的业绩刷新销售目标的 120%，就公费送他去旅行，行程包含参观美国航空航天局（NASA）休斯敦太空中心，另外还有去迈阿密度假的豪华版奖励。

过去，M 公司也曾招待优秀销售员去中国台湾、中国香港、新加坡等地作为奖励。不过，这次这个策划是划时代的奖赏，确实会大大地燃起销售员的冲劲。策划这个方案的人表示，如果把自己从重要的经销商那里打探到的数据加起来，销售额有望增加 5.742 亿日元。方案需要的费用是 6525 万日元，事前的准备工作大约要花 1 个月，活动宣传期达 3 个月。策划者极力主张“选择这个方案，以求更快获得成果”。

不过，部分项目团队成员对“宣传活动结束后的反作用力”有所疑虑，而且担心“即使这次成功，但像这样的目标是长久性的，难道今后都要制订出花费如此巨大的策划吗？”

方案3　举办经销商会议和提供奖金

这个方案是按地点把最近合作的经销商分成东西两大群分别举行经销商会议。策划的内容是招待经销商的老板，表达对近期合作的感谢，同时拜托他们扩大“爱克乐Ⅱ”的销售。会场订在东京和大阪最高级的饭店。会议一开始是著名的经济评论家E先生的演讲，再后来是知名女歌手的歌唱表演，最后在第二天让经销商老板享受打高尔夫球的乐趣。

据策划这个方案的人所说：无论如何，销售全得仰仗经销商，所以绝对不能让经销商的老板忽视你。尤其是在这个时间点，要削弱同行业者进而巩固地位，创造这样的机会很有必要。

除了会议之外，对于这个时期在大型净水器的扩大销售上取得佳绩的经销商老板，也要给他提供特别的奖金。

奖金虽然全权交由老板处理，但它有望成为在这段时间内业绩亮眼的销售员的奖金。

该方案策划者说，首先，销售额有望增加5.481亿日元。执行费用总额是5220万日元，而这其中一半用于特别奖金，举行经销商会议必须有两个月的准备时间，特别奖金的效果则会慢慢显现出来。

方案4　策划全日本巡回展示会

这个策划是要在3个月内于全日本主要城市的7个地点接连举办展示会，而且招待该地区的经销商以及餐饮店老板、医院和学校的总干事等客户群。

首先，借用各个城市的一流饭店，展示以“爱克乐Ⅱ”为主的各款净水器，而且让机器运转，以便让大家实际看到其内部净化系统，进而了解“净化前含有不纯物质的水能被清除到什么程度”，展现净水器的优越性能。

后面的节目，则预定邀请诺贝尔奖得主暨知名环保运动人士G博士来做特别演讲。虽然G博士已答应演讲，而且敲定了日期，但博士年事已高，其健康状态令人担心，可能会出现突发状况。

此外，能邀请到多少重要的餐饮店老板、医院和学校的总干事来展示会？可见，该方案在吸引客人前来和准备工作方面都非常花功夫。

虽然有这些担忧，但如果加把劲也能成功邀请到目标人数，准备工作和举行展示会的费用总共是7830万日元，销售额有望增加7.569亿日元；准备工作必须花一个半月，实际执行则需要3个月。

如果是你，会采取哪个方案？

虽然无法绝对保证各方案能增加的销售金额，不过希望你从两方面来做评估，即“相当靠得住”和“实施方案不会触犯反垄断法以及其他法律”。

1	**刊登宣传广告** 在报纸社会版面刊登两次一整页广告，同时也在相关商业杂志的第六期中刊登跨页广告
2	**举办销售竞赛** 实施全国经销商扩大销售宣传的活动，刷新销售目标达 120% 的销售员，即招待他去美国旅行
3	**举办经销商会议和提供奖金** 举行经销商会议，招待经销商，对近期的合作表达感谢，同时拜托他们进一步扩大销售。此外，提供奖金给在扩大销售上取得佳绩的经销商
4	**策划全日本巡回展示会** 在全日本主要城市，借用一流饭店，举行展示会，招待该地区的经销商和顾客

图 7　构思赢得市场占有率第一的 4 个可选择方案

解说 从正、负两个方面判断

这个事例如果使用“最佳方案的制订技术”会怎么样？

确认期待的成果和制约条件

首先，确立决定的目标和决定的事项。决定的事项是“爱克乐Ⅱ最佳促销方案”，目的是“赢得大型净水器市场占有率第一的宝座”。虽然对象是已发售的产品，但这件事的重点是决定这项产品的最佳促销方案，因此议题应该定为“选定爱克乐Ⅱ攻占大型净水器市场占有率第一宝座的最佳促销方案”。接着确定期待的成果，也就是最期待的事项、次要期待的事项，以及能投入多少运营资源，还有伴随实施而受到限制的条件。

在这个事例中，有如下的期待成果和制约条件：

首先，希望能将销售额从目前的26.1亿日元，增加到31.32亿日元。

其次，促销方案的执行费用在7830万日元以内。

接着，由于其他公司更受好评的新产品将于2013年初秋发售，所以促销方案最晚必须在8月底实施。由于销售依赖经销商，因此策划的内容，最好要能增强经销商的销售动机。

由于要向末端消费者的餐饮店老板、医院和学校的总干事仔细说明，得到他们的肯定，所以希望促销方案符合产品特性。

由于和其他公司竞争激烈，所以希望促销方式和其他公司能有所区别。

而且由于人力有限，所以希望尽可能不要花太多功夫。

因为也销售其他产品，所以希望促销方案能对其他产品产生涟漪效应。

绝对成本控制固然重要，不过成本效益更值得重视。此外，由于别家公司也有动作，因此希望销售额能大幅超越其他对手，能达到 33.93 亿日元为佳。

特别促销经费的预算上限是 7830 万日元，花费越少越好。

像这样，先试着从各种角度，将期望的事项和受限制的条件列举出来。

把成果和条件区分成“Must”和“Want”

接着，在这些期待成果、制约条件中，将“势必要实现的目标或条件”（Must）和“尽可能达到的目标或条件”（Want）分开来看。

“Must”是绝对不能让步的最基本条件。该事例中，销售额31.32亿日元以上、特别促销费用7830万日元之内，以及在5个月内实施，都是属于“Must”。

其他希望尽可能令人满意、尽可能少的项目就变成“Want”。对这个事例可做如下说明：

- 尽可能速效
- 效果的持续性尽量可期
- 能增强经销商的销售动机
- 尽可能符合产品的特性
- 尽可能和竞争对手有所区别
- 尽可能不费功夫
- 尽可能对其他产品的销售也有正向影响
- 尽量提高经济效益
- 销售额尽量增加

- 促销费用尽量减少

标示“Want”的分数

接下来是关于期望尽可能达成目标的“Want”。在相较之下，对“Want”的重要程度进行度量，也就是标示其分数。

以此事件为例，试想：“最重视什么？”考虑这家公司存在的状况、这次决定的背景等，如果这时在扩大市场占有率上最关心、视为最重要项目的是销售额，那么在“销售额尽量增加”这一项打上最高分10分，然后思考其次重视的是哪个选项。

由于传言别家公司要推出新产品，所以如果重视的是“尽早出现效果”，那么“速效”这项就给予8分或9分。而执行费用希望能在预算之内即可，就将这项的分数打得很低。

像这样以相对的期望来比较“Want”，依序标示分数如下：

- 尽可能速效——8

- 效果的持续性尽量可期——4
- 能提升经销商的动机——9
- 尽可能符合产品的特性——6
- 尽可能和竞争对手有所区别——5
- 尽可能不费功夫——1
- 尽可能对其他产品的销售也有正向影响——2
- 尽量提高经济效益——3
- 销售额尽量增加——10
- 促销费用尽量减少——2

度量大致结束后，在进入评估阶段之前，检视标准是否妥当，具体确认“评估项目是否有疏失或遗漏”“是否重复”。将类似的项目整理概括做检视，审查这些事项是否有偏差。

评价候选方案

终于进入方案的评估阶段。不过在此之前，先检查各策划案是否符合最基本的条件“Must”，不符合者立即删除。

以此事为例，由于所有的方案都符合“Must”，所以它们都通过了第一关，接下来转移到对“Want”的判断。

首先，在各个“Want”项目里，放入各方案所具备的资料。有些项目中有信息可以放入，有些没有，尽可能放入客观的资料。放进作为评估依据的资料后，就将它们一字排开来做判别。

以相对的角度来看，认为最符合期望的就给予10分的高分，其他的项目则与它比较，在1—10分的范围内标示分数。这个分数和前述的度量所得分数相乘，得出数字后再合计。

以此事为例，第四个方案得分最高，第一个方案和它较为接近。第二个和第三个方案则大幅落后，于是从候选名单中剔除，将选择集中于第一个方案和第四个方案上。到目前为止都是审视正面评价，接下来评估两个方案所具有的负面因素，考察两者是否有成为致命伤的潜在风险。

评估可能的负面因素

在这个事例中，第一个方案会让人想到令人担忧的事，如“也许航天员M不愿协助撰写推荐文”“同行业者展开相同的广告宣传攻势”。试着对第四个方案也提出执行时可能会发生的问题。

关于各项担忧，将其发生的概率及发生时的影响程度，用“H”（High）、“M”（Middle）、“L”（Low）三个阶级做评估。发生概率非常高的是“H”，概率约为50%的是“M”，而概率低的是“L”。发生时影响非常大的为“H”，影响较小、在可接受范围内的为“M”，有状况也没什么大不了的为“L”。

而且讨论能够阻止发生概率高、影响大的选项发生的对策，以及即便发生也能把影响程度降到最低的方法，再查看那些状况“发生的概率和影响能降到多低”“哪一个的风险比较小”。

关于第一个方案的“同行业者也做相同的广告宣传”，要说对此有什么有效的对策，其实还真想不出来。

关于第四个方案的“G博士身体不好，无法演讲”，如果事先能确保有替代的演讲者，发生状况时的影响就能降低。

像这样评估负面因素，确认是否有可能成为致命伤的风险存在之后，从正面因素和负面因素两方面判断，采取最折中的一个作为最佳方案。

以此事例而言，正面的评价是第四个方案最优，而仔细从负面因素来看，“确保有替代的演讲者”就能避免最坏的状况发生。依据以上断定，第四个方案是最佳的选择。

表2 第一个方案和第四个方案的评估对比

		发生概率	影响程度
第一个方案	得不到航天员 M 的推荐文	M	M
	同行业者做相同的广告宣传	M	H
第四个方案	G 博士身体不好，无法演讲	M	H
	参加的餐饮店老板、医院和学校的总干事比预期的少	M	M
	超出预算	M	M

注：为了解说最佳方案的制订技术，部分省略或改变实际的事例；此外，从营销专家的立场来看，可能会认为有些地方描述得不符合实际，敬请见谅。

表 3　选定爱克乐Ⅱ攻占大型净水器市场占有率第一宝座的最佳促销方案

W = Weight（重要程度）　P = Probability（发生概率）　Sc = Score（得分）
Se = Seriousness（发生时的影响程度）　Ws = Weight x Score（得分）

H = High（高）　M = Middle（中）　L = Low（低）

评估标准／候选方案		1. 广告宣传			2. 销售竞赛			3. 举行经销商会议以及发送奖励金			4. 举行全国展示会		
Must		信息			信息			信息			信息		
销售额增加 5.22 亿日元以上（26.1 亿→31.32 亿）		增加 6.525 亿日元			增加 5.742 亿日元			增加 5.481 亿日元			增加 7.569 亿日元		
特别促销费用 7890 万日元以内		7047 万日元			6525 万日元			5220 万日元			7830 万日元		
8 月底以前实施的可能性		OK（从 6 月开始则有可能）			OK（从 5 月开始）			OK（从 6 月开始）			OK（从 5 月中旬开始）		
Want	W	信息	Sc	Ws	信息	Sc	Ws	信息	Sc	Ws	信息	Sc	Ws
销售额尽量增加	10	增加 6.525 亿日元	7	70	增加 5.742 亿日元	4	40	增加 5.481 亿日元	2	20	增加 7.569 亿日元	10	100
促销费用尽量减少	2	7047 万日元	6	12	6525 万日元	8	16	5220 万日元	10	20	7830 万日元	3	6
实施奏效快（速效性）	8	6 月广告刊登之后访问消费者	8	64	5 月开始为期 3 个月	10	80	6 月经销商会议后效果慢慢出来	6	48	展示会上有可能洽商	8	64
符合产品的特性	6	以一整页大广告详细说明产品	7	42	业务人员直接说明	4	24	只有经销商老板的奖励	1	6	能让消费者看到实际产品并加以说明	10	60
能达到提升经销商动机的目的	9	经销商活动从旁支助	5	45	业务人员的美国之旅	8	72	招待经销商老板、特别奖励金	10	90	招待经销商、消费者	4	36
下期以后也能期待有效果	4	以报纸和商业杂志一整页大广告使客户留下印象	8	32	只限本期的策划	2	8	下期也需要同样的策划	3	12	留下展示、演讲的印象	10	40

（续表）

尽量提高经济效益	3	65,250÷7,047＝9.26	7	21	57,420÷6,525＝8.8	5	15	54,810÷5,220＝10.5	10	30	75,690÷7830＝9.66	9	27
和竞争对手有所区别	5	用知名的航天员	10	50	美国之旅在业界也少有	5	25	其他公司也可能有相同的策划	3	15	知名的G博士的演讲	7	35
对其他产品的销售也有正向影响	2	其他产品也同时展示	8	16	根据经销商的业务人员情况而定	4	8	根据经销商老板的情况而定	4	8	其他产品也同时展示	10	20
负责人不费功夫	1	后续服务费功夫	6	6	几乎不费功夫	10	10	在准备经销商会议上花时间	6	6	在7个地方吸引客户及准备上相当费工夫	1	1
评分（Ws的总和）			358			298			255			389	

	负面要素和评估	P	Se	负面要素的应对策略和再评估	P	Se		负面要素和评估	P	Se	负面要素的应对策略和再评估	P	Se
第一个方案	得不到航天员的推荐文	M	M	通过请求政界有力人士，准备替代的推荐者	L	L	第四个方案	G博士可能无法做整场演讲	M	H	彻底做好事前联络，准备替代演讲者	L	H
	同行的其他公司将做同样的广告宣传	M	H		M	H		餐饮店老板、总干事参加人数不多	M	M	备齐名单，发送简介后密切取得联系	L	M
								超过预算	M	M	彻底执行预算管理	L	M

◎抉择“最佳方案”的关键

虽然希望能够采取方法破解问题，然而脑袋一片茫然无头绪；纵然有各种方案，却还是无法做决定——要如何在这种情况下有效率地做决策，以上已对该技术做了详细介绍并举例说明。接下来将叙述应用这门技术的注意事项，以期能做到最灵活的运用。

关键❶ “目的不明”难以正确地决定

决定事物时存在“目的”。

就买房子而言，有些人是想和家人一同居住，也有人期望像买彩票梦想中大奖那样，就是想赌一把。

然而，我们通常认为目的（即“为了什么而做”）是不言而喻的，往往很少进一步分析，就直接进入方法（即“怎么做”）的讨论。

实例

因为中国人力成本远比日本国内便宜，所以同行业者纷纷到中国设厂，一家公司也打算进军海外，很认真地讨论要在何处设厂。在得到初步结论之后，董事长A向他的父亲，也是公司的创始人报告，希望他能认可海外设厂的提案。董事长A与他父亲的谈话如下：

“为什么要到中国设厂？”

“因为各家对手陆续进军中国，这样下去，我们在成本竞争上必然会输。”

“不过，和别家公司一样进军中国，在成本上不就没有差别了吗？”

“确实如此。那就到成本更便宜的越南吧？”

“不好。即使是越南，不久也会和中国一样，日本企业将竞相进驻。”

“那到哪里好？去非洲吗？”

“不。原本进军中国是为了有成本竞争上的优势，那么有这个优势的目的是什么？”

“为了在激烈的竞争中打败其他同行业者。”

“为了在竞争中胜出，于是要降低成本。但要想赢其他同行业者，降低成本并不是唯一的方法吧？”

“确实如此。如果有不输给别家公司且具有吸引力的产品，就能避免卷入成本竞争的旋涡，也能确保某种程度的利益。”

“就是啊！以短期效益来看，为了在激烈的竞争中打败其他同行业者，进军海外以获得成本优势是一个方法。不过，从打败其他公司的目的来说，不是也有其他的方法吗？即便成天埋首在成本竞争中，效果也有限。以长远眼光来看，想想和其他公司不同的作为也可以，不是吗？”

“我知道了。的确，从打败竞争公司这个目的来看，或许也有降低成本以外的方法。比如开发独一无二的产品，而不是用和其他公司不相上下的产品来争夺市场占有率。看情况，或许能把这次打算用来进军中国的钱，转为加强开发新产品的经费。我再仔细想想，然后和您商量。”

这个事例或许有些极端，但我们往往会在还没确认好“是因为什么必须去实施这项策略”的情况下，就选择候选方案。

但确认“为何这么做”以及仔细思考“是否有符合这个目的的其他方法”非常重要。

在这个案例中，目的是“打败其他的竞争公司”，如果在检视比较之后，判断“进驻成本便宜的海外”比“加强新产品的开发”更能达到目的，就能进一步讨论进军地点。

关键❷ 确认议题的范围

决定方案时，当然有一些必要的目的存在，同时也需要制订决定议题，以便准确地判断。但是，决定议题的制订也有几个阶段。

举例来说，甲趁着家庭成员增加的契机，打算搬出公司宿舍，搬到新的住所。由于在报纸广告上看到好几间不错的公寓，所以陷入了“选哪间好”的困惑。

这种情况下决定议题是“购置最佳公寓”，于是陷入

“抉择哪间公寓好”的困惑中。此时，一位家庭成员提议：“不如买独栋楼吧？”甲一想也对，既然要购买房子，便将独栋楼房也放进候选名单中，重新开始讨论。如此一来，决定议题即变成“选定购置最佳住房”。

决定的范围也因此扩大了一些。一旦扩大决定的范围，选项就会变多。然而，在讨论购买住房选项的过程中，即使不急着购房，话题也有可能一转：“也可以租房吧？”

这是不先圈定范围，即没有先设想“要买房还是租房”所造成的结果。

对于“是否要买房子”有困惑时，应先把议题定为“选定最佳住房”，即使打算搬出公司宿舍，接下来也要在“买房还是租房”中做决定。

若是要买房子，那么接下来就得确认“要限定在公寓，还是要连独栋楼房也一并讨论”。以这样的程序进行选择，过程就会比较顺利。

实例

据说，一位职业棒球选手宣称要做自由球员，打算转到别的球队。由于在各种选择之间徘徊不定，不知如何是好，他的精神状态不好，经常住院，让大脑得以休息。

问到为什么会变成这样，才知道原来他自己对是否要退出当时所属的太平洋岸联盟A队并没有清楚地下定决心。不过，由于他宣布了势必会退出A队、寻求新天地，以B队为首的其他球队竞相邀请他加入自家球队。

在考虑该如何是好的时候，“是否挑战美国职业棒球大联盟”的想法也出现了。

若要挑战美国职业棒球大联盟，以年龄来说已经是最后的机会，而且“在大联盟投球”是他多年来的梦想，于是这一种想法令他劳心费神。选择太多，他的头快爆炸了。如果去美国，就必须考虑治安，还有小孩的教育、语言等问题。他想：还是放弃挑战大联盟的想法，就在日本国内的新球队一展身手吧。

然而，如果加入新球队就必须搬家。这样一来，小孩就必须离开熟悉的地方，跟着转学，这也太可怜了。也不是非得退出A队不可，也有“重签合同”这种办法。

不过，他还是想在观众经常爆满的中央联盟球队里投球。

这时，如果他按照步骤层层选择，这样的烦恼就会少很多。首先，决定是否退出A队。

如果想到新的球队试一试，那么接下来是决定“加入日本国内的球队，还是进军美国职业棒球大联盟”。考虑到治安、语言和小孩的教育等问题，如果判断“挑战美国职业棒球大联盟有点勉强”，只要在邀请他的日本国内球队中选择“B队、C队或D队”即可。如果是比较日本国内的球队，或许就可以不用为做决定这么伤脑筋了。

像这样在思考时缩小范围并确认自己处在哪个阶段，疑惑就会减少，而且能顺利做决定。

关键③ 主观好恶，易让决定失准

抉择事项时，最不易解决的就是人有与生俱来的好恶偏向。即使以思考技术得出结论，有时会出现无法认同的情况，例如“它现在无法变成我的喜好”“总觉得不喜欢它”。

偏情感、心情方面的主观事项，总是很难处理。

实例

这是我在举办研习的公司实际发生过的故事。关于新产品的模特，在家电情报K公司担任策划的I和广告代理商协商的结果是打算起用世界级的音乐家S。于是，I去找K公司老板做最后的决定。

起用S的依据如下：

- 在对新产品以新家庭为目标的客户诉求上具有优势
- 得到广大客户压倒性的支持
- 其音乐作品符合新产品给人的高科技印象
- 知名度高

然而，不巧K公司老板不认识S这个人。因此，I向K老板介绍S是谁，而且拿S的相片给他看。

老板细看相片之后，说："我不太喜欢这张脸，这个眼神不是我喜欢的，可以换成其他人吗？"

由于I对S有所了解，所以他拼命说服老板，最后才得到老板的同意。

由此例可见，一旦将主观好恶加进评估标准，就很难做出客观的决策。

像某人应选择哪个工作岗位这类情况，凡是好感度、学业经历、才能的具备程度等评估标准，尽量以能够客观计量的方式设定，再据此评断为宜。

至于喜好，如果表现方式换成"形象非常清新""给人的感觉很有智慧"等更明确的描述，就会比较容易衡量。

实例

市、镇、村在进行合并时，在新市的名称上有争议。像这样的吸收合并，如若吸收的一方是大市，即多沿用其名称；然而如果是对等的两方合并，就总是无法顺利讨论出结果。

日本有一个案例，即要仿效中部国际机场的成功模式，将合并后的市名称为“南中部市”，因对新名称有不同意见而引发纠纷，致使合并破裂。以这种情况来看，倘若事先提出“在新市的名称上期待出现什么”这样的“Want”，讨论在这些当中所重视的项目，在取得一致意见之后，做相对性的比较，然后进入“选出满意度较高者”的阶段，不就可以在不引起过多争议的情况下得出结论了吗？

给新产品选定名称之类的事项，其主观要素非常强烈。

即使被问到为什么，也无法条理分明地解释，这种情况屡见不鲜。

像这样的议题，当多数人聚在一起讨论、做决定时，将主观要素强烈的事项尽可能转化成可客观考量的评估标准，然后依此标准检视，便能清楚地说明“为何会得出这样的结论”。

关键④ 当决定“触礁”时，重回原点讨论

实际工作中也常有“做或不做、要或不要”这种必须二选一的情况。当有类似的议论时，就回到做决定的目的，先确认清楚“为何出现这种议题”的背景，再做评断比较好。

如果是为了达成目的，那么方法有好几种。回到“为了什么”的目的，试着发散思维：除了那个令人犹豫是否要执行的方法之外，难道没有别的方法吗？

实例

在水坝建设这个议题上，长野县一位知事与当时以工程部部长为首的水坝建设推动派发生争论。

这位知事对水坝建设推动派的人说：“停止互相敌对、白费力气的讨论吧！”对于这位知事独特且令人费解的表达，水坝建设推动派觉得很无奈。

他所要说的是，回到建设水坝的目的上来讨

论，而不是辩论要不要建设水坝这件事。

说到建设水坝的目的，那就是治水（即建造堤防以防止洪水、控制水流、方便灌溉等）与用水（即谋求水的利用）。从这个目标来想，建设水坝是一个方法。“除了建设水坝之外，难道没有别的方法了吗？”这是知事表达“停止相互敌对、白费力气的讨论吧”的真正含意。

讨论类似“是否建设水坝”这样的决定时，如果回到最初的目的，就非常易懂。

治水是目的，除了建设水坝之外，还有“建造调节池”“加高住宅用地”等方法。

如同建设水坝的例子一样，我们往往不去想“为什么这是必要的”，而是时常将它当作一件不言而喻的事情，直接讨论“要做或不要做”。陷入争论时，应当先冷静下来，确认决定的背景，回到“它是为了什么而必须去做”这个问题上，才能真正解决问题。

关键⑤ 评价标准必须清晰、客观

公布决定时，有时会被要求说明决策过程，例如为何会得出这种结论，以什么标准来评估。

以下试举一例。因必须把工程外包，于是取得 A、B、C、D 4 家公司的报价，最后决定给 A 公司。“为什么决定用 A 公司？”若不说明决策的过程，就会造成竞标的 B、C、D 3 家公司的相关人员不满。选中的一方因结果有利于自己，自然不会在意过程，但没被选中的一方就会想知道结果为何是这样。

一般而言，要取舍多个候选方案的时候，就可以把方案一字排开做比较和评估，选出满意度最高的。在比较时，当然会有评估标准，只是通常不会公开谈论这个标准，于是落选的一方就容易因不知为何落选而感到不满。

比较和评估的标准，以选中的一方的想法设定也没关系，如果评断标准清晰、公开，比较能让对方理解状况。

如果被问到“因为什么理由落选或者原本以什么标准选拔”时，却回应“这部分无法告知”，类似这样没尽到说明的责任，可能就会让人怀疑有什么不可告人之事，如同以下例子。

实例

一年春季，在选拔高中棒球大会的出场学校中，被认为理所当然会被选上的群马县A高中却没被选中。对此，A市市长感到很生气，写信给日本高中棒球联盟，要求给予明确的解释。

该校在之前的秋季县大会上获胜，而且在关东大会上进入前四强。1月底发表的出场学校中，在关东（除东京之外）要选出四所学校出场，于是选中前四强的B高中（栃木县）、C高中（埼玉县）、D高中（群马县）三所学校，而最后一所却是进入八强的E高中（茨城县）。

市长送交的书信上写道：“为什么把A校排除在外？虽说是公平选拔，但以高中棒球来说，所谓的公平选拔是什么？如果有选拔标准，希望把它公开。同时也希望联盟能对这次事件尽到说明的责任。”

这真是一件很严重的事。如果它的标准是“同一县不能有两所学校出场”，那么落选或许也是没办法的事，但过去也曾出现过同一个县有两所学校出场的情况。“为什么选择来自群马县的D高中，而不是A高中？”有人认为，“或许是D高中文科和理工科两方面的人气都能兼具，其总教练也曾为甲子园带来了话题”。

不管怎样，不清楚得出结论的过程，人们就会非常不满。选拔的一方有说明的责任，但即便能够出面说明，如果没有明确的标准，也难以给出让对方认同的解释。

公布重要决定时，设定什么样的选拔标准，以及最后的结果将如何评估等方案，都要在事先详细地公开说明，让相关人员了解；或者当选拔标准众所周知之后，都能依循该选拔标准得出结论。如此一来，就容易解释清楚，也能立即得到许多人的认同。

虽说是“艰难的决定结果”，但如果不让人看到过程有多么困难，就会因对方不了解而无法得到认同，所以应该明确地公示评估的标准。

1 “目的不明”难以正确地决定

2 确认议题的范围

3 主观好恶，易让决定失准

4 当决定触礁时，重回原点讨论

5 评价标准必须清晰、客观

图8　制订最佳方案的5个关键

◎“最佳方案制订技术”的应用

当为如何选定最佳决策感到困惑时，其程序和关键在前面都已有详细的叙述，接下来说明有关“最佳方案的制订技术”在实际工作中的应用。

应用❶ 影响顾客做决定，有效提高成交率

或许有人会对“销售员就是决策者”这句话持怀疑态度。当然，是否购买的最终决定权掌握在顾客手中，销售员只不过是协助顾客做决策。然而，把产品推荐给顾客之前，销售员应该考虑：顾客想要什么，什么最令顾客满意，应该推荐哪一类商品？

在业务现场，往往被要求提供“业务提案”“销售咨询”等，而“最佳方案的制订技术”在这种场合中也非常有效。

实例

公司营业处的二手车销售部有一位I先生。他2012年一整年销售了200多辆车，是一位非常有能力的销售员。他的顾客大都是家庭主妇。I先生是一个有着中等身材普通的中年人。他外表没有帅气到令人赞叹，也不是个能言善道的人，但家庭主妇客户群体都指名让他来服务。

担任该营业处处长的N，对I先生如此突出的业绩感到很不可思议。他找来几名向I先生购车的顾客询问："为何指名让他服务，是在他的劝诱之下买车的吗？"然而这些家庭主妇异口同声地说："I先生站在我们的立场帮我们选车。他知道我想要的车，而且毫无迟疑地协助我做决定。"

仅凭这些回答，处长还是无法理解。于是他决定仔细观察I先生的销售过程。

I先生首先向来店的顾客询问了各项事宜。多少预算、主要用途、车龄多久、是否有小孩、以往开车是否感到困难、停车位有多大等。

从顾客那里仔细打听到这些信息之后，I先生就会充满自信地对顾客说："您正在寻找的就是这辆车。"然后说出这辆车能满足顾客希望的条件的理由。顾客便会因为自己的期望大致获得满足，毫不犹豫地买下这辆车。

其他销售员又是如何呢？他们和I先生一样，听取顾客提的条件，提供符合顾客期望的汽车，但把最后的决定权交还给顾客。这一点和I先生不同。

接着，虽然推荐了一部车，但是当客人把目光移向其他汽车时，又会说出令顾客感到迷惑的话，如"那辆车也适合您，挺划算的"等。

如果顾客掌握了有关汽车的丰富知识，那就另当别论。对于缺乏专业知识或信息的家庭主妇来说，代替自己做决策的I先生可以说是非常难得的人。

I先生虽然没有使用"Must"和"Want"，但一边询问顾客各式各样的需求，一边巧妙地把这些需求分成"Must"和"Want"，在符合"Must"的前提下，推荐了最满足顾客特别重视的"Want"的那辆车。

像I先生这样确认顾客的需求，引导顾客选择产品的业务技巧，不仅能够运用在车辆销售上，也能应用于其他产品。

应用❷ 活用“Must”和“Want”，让顾客的需求更明确

按照客户的要求开发、设计产品，就必须确认顾客的需求，并且设计出满足顾客期待的产品。

建构系统或设计庞大的装置或机械时，当然要在确认顾客多样化的需求之后才开始设计，在确认阶段，“最佳方案的制订技术”也是有效的。

实例

建构复杂的业务处理系统时，应先清楚地认知“顾客有什么期待”“以什么为目的”，再开始运作。

然而，如果是业务水平不佳的系统工程师，在只听了一半顾客的期望又不整理其需求的情况下，

就开始建构系统，致使系统总是出错又要重新做，如此一再和顾客反复磋商，会耗费许多时间。

如果是优秀的系统工程师，情况就会有 180 度的巨大改变。虽然顾客会东拉西扯，但工程师能分开询问“绝对想要保有这个”和“如果可以也希望能具备这样的机能”。

而且他也会确认顾客的资金预算、实施时间、人手问题和制约条件等，如果能确认清楚这些条件，就能明白可以配合顾客的期望到什么程度。

接着，缩小需求范围，设计出顾客真正期望的系统。总之，系统设计的专家在确立顾客需求的阶段，会把“Must”和“Want”区分开来。其中的思考是，“Must”是一定要加进系统内的，其次为“Want”中所重视的正面评价排序靠前的项目。

不过前提是在执行这些程序时，能够明确地掌握顾客对未来样貌的期望或构建系统的目的。“因为别家公司也在做”“全部委托给您”等，这些说法是最麻烦的。如果真的是全权委托处理自然很好，但实际上并非如此，最常发生的状况是，在这个过程中顾客会说“和自己之前所想的有点不一样”之类的话。

尽管如此，若按照“这次决定的背景、建构系统的目的、期待的成果、制约的条件、注意事项”的顺序清楚地询问对方，就能厘清顾客模糊的需求，而且建构出让顾客满意的系统。

应用③ 设定适当的“Must”，就会产生好结果

必达目标和必需条件的“Must”指的是，无论如何一定要达成的项目。如果能好好地使用“Must”这个概念，那么不论在工作上还是生活上，都能创造出好结果。

实例

在日本职业棒球队养乐多燕子队和东北乐天金鹰队担任总教练的野村克也，曾是连续击出两位数全垒打纪录的最强打手。接下来将介绍野村先生成为“全垒打王”的故事。

野村先生天生握力弱，身为一个打击者，他对自己的未来感到不安。当野村先生看到当时的对手中西先生拥有结实的体格，而且能打出令人着迷的直球全垒打时，便认为自己在全垒打竞争中想要超越中西先生是自不量力的行为。

然而，野村先生再一想："所谓的全垒打是什么？"所谓的全垒打是超越围篱——全垒打的"Must"是超越围篱。

无论是中西先生球速130米的击球，还是像自己这样刚好飞越围篱的击球，都是全垒打。他想，像自己这样没什么力气的人，让球朝最短距离的地方飞，或是利用风让球飞行，或许可以击出不少全垒打。从此以后，野村先生不是以直球超越围篱打出非常厉害的全垒打，而是让球划出抛物线，刚好越过围篱，无论如何，都是能越过围篱的全垒打，因此成为远近驰名的"全垒打王"。

活跃在国际舞台的职业高尔夫球员青木功也有类似的思考。

高尔夫球是一种要在指定杆数以内打完规定

洞数的比赛。青木先生在第一线活跃时期的对手是尾崎将司。青木先生意识到，自己的球在飞行距离上无法赢过尾崎先生。不过，他为高尔夫球赛下了定义：不是球飞得远就能获胜，而是以较少的杆数让球进洞为标准。举例来说，标准杆五杆，挥杆 5 次能上果岭就可以了，青木先生就把挥杆 3 次上果岭作为“Must”。如此一来，顺利就能得到小鸟球（Birdie），即便失败，也能以标准杆数安全过关。

结果，总计国内外分数，青木先生胜过尾崎先生。

野村先生和青木先生的想法，在商业领域也十分受用。工作的时候，有时没有得到满分也没有关系。即便是 80 分，若能满足最低条件也不会有问题。与其做到 100 分，不如把多余的能量用在其他地方，或是单纯储蓄着也好。这样的做事方式非常普遍。

应用④ 清楚地解读对方的“Want”

所谓“见人说人话，见鬼说鬼话”，就是说看清对方是什么样的人，知道对方对自己有什么期待之后再说话，如此一来就能增强说服力，对方也会认真听你讲话。也就是说，和别人说话时，要先确认对方的“Want”。

拜访有希望合作的客户，推销公司的产品时，“最佳方案的制订技术”中的“Want”是有帮助的。

对于自己想销售的产品，要先确认对方有什么“Want”，在一开始商谈时，就要抓住对方的心。如果不这样，就会使顾客不感兴趣并退缩或离开。

实例

这是一家家具销售公司的新手销售员的故事。这位销售员到一家企业的培训机构推销公司开发出来的床，在谦虚地打过招呼后，他依照研习传授的方式向机构负责人说明：“这张床是根据人体工学设计出来的，对躺在上面休息的人的腰部非常好。”这张床最大的销售重点是有助于防止腰痛。

然而，机构的负责人听到一半就打断他的说明："可以了，请回吧！"于是他问对方："我有什么失礼之处吗？"对方说："你从刚才就说这款产品对腰好，能防止腰痛。但对于只在培训机构住两天一夜或三天两夜的客人，我的工作并不是呵护他们的腰。不好意思，老实说，防止腰痛完全不是我关注的事项情，我最关心的是如何能用最少的员工快速整理好床铺。而这一点你都没提到，所以我不要这张床。"销售员赶紧说："这张床也很容易整理。"但是为时已晚，对方不给他机会了。

销售时，如果面对的是社长或项目负责人，你的重点说明内容当然要依对方所在意的事项而改变。老板的"Want"是在引进这个产品之后能谋求多大的工作效率，是否能减少人手；而负责人的"Want"是使用容易度。如果传达的信息和对方期望的事项不合，即便口齿伶俐，还是无法说服对方。于是在与人沟通时，重要的是要能看到对方的"Want"，说出确实能让对方非买不可的话。

像这样看清对方的"Want"后才开始说话的方

法，能运用在各种场合。

在大庭广众下说话，只要能察觉到齐聚一堂的人的“Want”是什么，一开口就说出相呼应的话题，即能让所有人专心听讲。

实例

这是以前听本田汽车相关人员叙述的一个故事。

据说，已故的创业家本田宗一郎先生在辞去董事长职务之后，有很多受邀演讲的机会，而他通常很快就会答应。

本田先生在演讲之前，会命令秘书吉田先生勘查会场。本田先生要他暗中探查听讲的客户中，哪种性别居多，以及其年龄、外表、职业等。

然后吉田先生会绕场一圈，并且询问听众：“想听本田先生讲什么，期待什么样的内容？”然后将这些信息汇整起来向本田先生报告。本田先生会根据这些信息，思考当天的演讲该如何“破题”。“演讲的破题”是吸引各客群的演讲的最初话题。如果能借此抓住听众的心，那么估计他们会跟着本田先生的步调起舞。

本田先生的这种做法史无前例。不过听众的状况很难应付，如果谈话过于热络就会跑题，常可以看到很多演讲最后以离题状态结束。不过，如果听众对谈话感兴趣，就不会抱怨离题。

专题 如何在瞬间做正确的判断

“该选哪一个呢？”当必须审慎地做决策时，按照本书所述的步骤进行，就能选定多数人认同的选项。不过，说到“是否能常以这样的步骤来思考”，会发现其实很多时候没有时间这样做，必须在一瞬间判断。

碰到这种情况时，就把范围缩小到“现在最需要什么，必须最重视什么”这一点上，然后决定“哪个是最佳方案”。这么一来，就不会做出错误的判断。

以下就是要求瞬间做决断的例子。

2009 年，美国前总统奥巴马就职典礼的一个星期前，美国民航客机失事，当时由于机长苏伦伯格（Chesley Sullenberger）了不起的判断，该事件没有造成人员伤亡。

当时，飞机从机场起飞几分钟后，便遭受飞鸟袭击，两个引擎因此出现故障，难以正常飞行。据报道，机长的脑海里浮现出了几个选项：一是折返，回到刚起飞的机场；二是直飞迫降在最近但有一定距离的机场；三是找空旷的地方降落；四是降落在眼前宽广的哈德逊河面上。

机长判断以当时无法正常运行的飞机的飞行能力，要做到“第一项回到刚起飞的机场和第二项飞往有一定距离的机场是不可能的”；考量了自己身为飞行员的能力后，他判断：与其找空旷的地方降落，不如“降落在哈德逊河水面上”。在机长的脑海中，“想拯救更多人的性命”这个想法最强烈，如此一来或许最恰当的是降落在哈德逊河面上。此时，机长脑海中不断思索的或许是：想把对机体的损害控制到最小，极力避免再度受损害。

一旦降落在哈德逊河上，没入水中的飞机就会成为废品，这将带给公司相当大的损失，或许还会被追责。然而这时机长认为：这些都无关紧要，只要能救人，无论怎样都无所谓。

哈德逊河上也有小船或渡船，也许会撞到它们，也许会因碰撞带来什么破坏，但和这些比起来，拯救 155 条生命优先，所以应该会得到谅解。

机长选择“降落在哈德逊河面上”，而且尝试这么做，最后凭借巧妙的操纵技术幸运地成功迫降，水面上也没有往常停泊的几艘小船，再加上附近的轮船公司立即前来搭救，在合力帮助下，没有一个人伤亡。

像这样的突发状况，实际上很难和相关人员讨论。在必须自行判定“怎么做最好”时，如果想要面面俱到，就无法在一瞬间做决定。然而，即便有几个选项，只要试想“在这当中，什么是现在应该优先考量的事情”，就能发现答案。上述内容虽然没向机长亲自确认，但通过报道可以证实上面的推测没有错。

在实际工作中，可能有不少需要迅速做决断的情况。举例来说，假设给老主顾的产品出现异常，怎么想都觉得应该是我方的问题。老主顾非常生气地说：“该怎样补救？”于是需要立刻决定应对之道。在这种状况下，想得太多就会产生困惑。不过，如果想一想“必须优先考量的是什么”，那就应当是无论如何都要防止老主顾的生产线中断。把范围缩小到这一点来思考，就能决定最佳的应对之道。

在必须紧急判断“该如何是好”的情况下，姑且提出所有想做的事项，然后在这当中，依照“什么是最重要的事”“要解决这个问题，最符合的是哪一个选项”这个顺序来思考，应该就能做出正确的选择。

状况紧急时，没有“不用做理论性的思考”这回事，而是应该在一瞬间快速做出理论性的思考；也就是说，对于想呈现的样貌、目标和方向，发想“什么方法最符合需求”，致使追求结果和手段得以串联整合，借此做出理论性的思考。

在日本“3·11”大地震中，因放射性物质外泄造成重大事故的福岛第一核电厂，如果能快速认知到“冷却反应炉是最重要的，而担心反应炉变成废物则是次要的”，如此一来就会想到，“应尽快采取灌水措施，无论灌的是淡水还是海水。”这样或许能防止反应炉围阻体爆炸，造成悲惨结果的放射性物质外泄事故也许就可以避免。

工作上，因发生重大事态而必须立刻做判断时，如前面所述，建议以“现在最需要做的是什么”的想法来做决定。

第3章

预测和防范风险

◎7个步骤，评估风险与确立计划

当接到具有挑战性、不管怎样都必须处理的问题时，相关人员就会聚在一起，讨论该怎么做才能使事情进展顺利。

在这种情况下，除了抱持随性态度的人会觉得“担心也无济于事，就顺其自然吧”之外，一般人都会因为揣想事情的发展而出现种种不安或担忧，并且讨论这些不安或担忧，例如“不应该发生某件愚蠢的事”，或者“如果发生某件事，事态变得更严重怎么办”。

周详地分析风险，事先采取恰当的对策

在“彼此已经了解为何会发生这样的事”的前提下，话题会紧紧围绕着对策。

而关于对策，也会在“该怎么做才能防范风险于未然”以及“万一发生状况，该如何应对”上集中讨论。然而，当主管说“虽然这也很重要，但有更严重的事”时，下属通常就会回答：“是的，我把这事给忘了”，而把话锋转到其他担忧上。就这样，其他担忧的事项会此起彼伏地出现，论点不断改变，令人眼花缭乱，最后在会议将要收尾时，讨论可能就会以“担心也无济于事，就一股劲地做下去吧”草草收场。

即使没这么严重，但有条不紊地进行，让风险和对策的讨论步入轨道的情况并不多见，反而是虽然花了相当长的时间，但未必能得出有效对策的状况比较常发生。

为了不浪费宝贵的时间，也应该按照步骤分析风险。要预知所有风险是不可能的，即便如此也不能只靠老天保佑。因此，在商场上应仔细考察，事前周详地分析风险，尽可能多地预见潜在的状况，进而采取适当的手段，以防事态恶化。

在尝试新事物或者面对客户或主管提出的挑战性问题时，先确认“该怎么想，才能预见随着计划实施所带来的不佳状况，并且以事先准备的适当对策来掌控未来”，这就是“风险预测与防范”。

以下即是对于各种问题所推测出来的棘手状况，能够直接面对并且好好解决的人，以及擅长处理危机的人脑中的“风险预测的防范技术”。

步骤❶ 厘清要分析什么风险

分析风险的最初步骤是，厘清“要分析什么风险”，即确立分析风险的对象或范围。

当确定了要分析风险的对象或范围，便能防止遗漏和离题。对于范围广且耗时的问题，要立即找出风险并不容易，因此要将每个结点细分开来做检视。

步骤❷ 确认执行计划的流程

确认执行计划的流程。也就是确定“要做什么的流程”，以掌握整体动向与形态。有些困难的事项要付诸实行的时候，应该有一些计划，这些计划当以时间序列组成日程表。假如还没有执行计划，就得立刻制订，以防疏漏；如果在制订计划时真的遇到困难，就必须列出预定执行以及必须检讨的事项。

要先确认执行计划或者说是确立预定执行的事项，这是因为当掌握了事情的整体流程，就容易判断出“在什么地方可能会发生麻烦”。

步骤❸ 选定重点分析的领域

在了解整体流程之后，接下来要将可能会频繁发生状况的部分，或者可能对整体带来重大影响的地方，设定为重点分析的领域。

为什么要设定重点分析的领域？这是因为如果所有

的计划都要详细地分析风险，会白费很多力气，所以必须将分析的时间和功夫放在重点上。

而在设定领域时，对于缺乏经验、存在复杂要素、责任归属不明、对环境变化敏感、时间严格受限，以及失败时影响甚大的地方，都必须多加留意。

步骤④ 推测可能出现的风险与后果

把焦点放在步骤3设定的重点分析的领域，然后推测可能会发生的具体风险；在此也要好好地活用过去的经验，多方推测可能会发生什么事，而且试想："如果发生，会造成什么结果？"

在这个阶段，切勿说出"不应发生这样愚蠢的事"，而是先提出内心的担忧和不安，再去评估其发生的概率和影响的程度，由此归纳出决策会产生的风险。

步骤⑤ 设想原因并拟订预防方案

确定好要专注地讨论的风险之后，接下来要确认“该如何不让风险发生”的预防对策。

首先，要推测“为什么会发生这种事”，而且消除其发生的可能，或是讨论该如何“抑制其发生的概率”。

关于风险，试想“它为什么会发生”。思考时不要仅仅关注表面因素，还要追根究底地深究。

举例来说，当有“活动召开时，到场人数不多”的风险时，假设原因是“大家都很忙碌”。或许“大家确实都很忙碌”，但仔细探讨，即便有这样的阻力，“难道不是因为活动本身不具有吸引力，不足以让大家风雨无阻地赶过来”，或者“难道不是举办单位推动不力？”像这样思考原因，就会出现好几个解决方案，再去衡量“什么原因的贡献度（即影响程度）较高”。

为什么要评估贡献度？那是因为，去除或降低贡献度高的原因发生的概率，是比较有效率的做法。若要把想出来的预防对策全都付诸执行，可能会花费巨大，于是就从对策的可执行性和效果来仔细研究决定采用与否。

对于自然灾害等无法控制的事物或是“货币贬值或升值”等人为因素造成的事物，即便了解原因，有时也会出现没有有效的预防对策的状况。像这种情况，就要靠接下来的步骤——“制订风险发生后的对策”来克服。

步骤⑥ 制订风险发生后的对策

这个步骤是制订风险发生后的对策，要解决的问题是“万一假定的风险发生了该怎么办？”

仅凭“准备的预防对策”来完全防止风险发生的可能性不高；以防万一，事先采取“发生的当下能从容不迫地应对”的策略，则是比较好也比较常见的方式。倘若假定的风险已经发生，将随即而来的负面影响降到最低，这就是所谓“风险发生后的对策”。

假定的风险发生时，思考其对各阶段的影响之后，讨论应对的策略。这种策略，是在事先做好计划、准备、调查和实验，讨论出的应对可能出现的风险的策略，必要时能够立即执行。

当假定的风险发生后，当下会慌慌张张地思考应对的策略，但在混乱的情况下，通常无法想出适当的策略，以致延误了时机。

因此，要事先讨论出发生风险时的对策。但若想对想出来的对策都做好准备，就太大费周章了，所以就要像预防对策那样，从其重要性和效果来仔细研究并决定采用与否。

对风险进行试验时，就应使用以下步骤思考。首先考虑“防止发生风险的对策”（预防对策），之后，试想“风险发生时，该怎么做才能将负面影响降到最低”（发生后的对策或应急的对策）。将这两种对策区分开来思考，就能进行有效的风险讨论。

步骤⑦ 执行计划的再确认

“风险预测的防范技术”的最后一个步骤是重新细看整个计划，这称为执行计划的再确认。

除了确认发生概率和影响程度高的风险之外，还要确认是否还有必须检查和谈论的担忧事项，以及是否有疏失或遗漏。同时，也要确认对策是否过多，是否有更经济的破解办法。

由于经营资源有限，过多的对策有损组织的效益，于是当充分检查和谈论要做到什么程度之后，再决定采用与否。虽然无法完全消除风险，但若以整体情况来看，大致没有令人感到不安或担忧的事，最后就可以确认整个计划是否呈现“总算可行”这种让人安心的状态。

上述的步骤是：厘清分析风险的对象→确认执行计划→设定重点分析的领域→推测并评估具体的风险→推测原因并制订预防对策→制订风险发生后的对策→再度确认整个执行计划。

若能以上述步骤分析风险，纵使在前述的“最佳方案的制订”中选择“高风险、高报酬”方案，当初“或许有些勉强”“万一失败该怎么办”的不安，也会随之转变为有所确信地想：“尽力做看看吧！”“似乎可行！”

此外，这也是一种把过去艰辛、失败的经验活化的技术。也就是说，当老员工和新员工一起致力于这项“风险预测与防范”作业的时候，老员工为了不重蹈覆辙，会活用过去的宝贵经验，其拥有的智慧也能因此传承给年轻人。

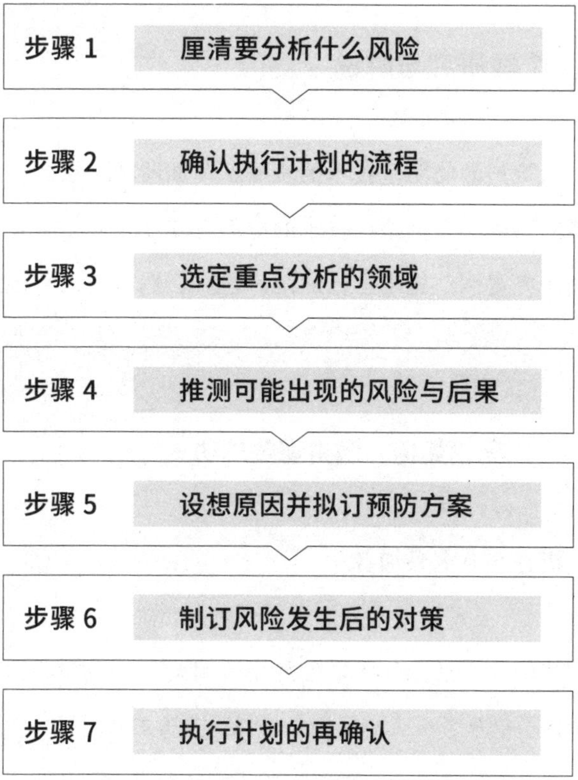

图 9　预测和防范风险的 7 个步骤

◎ 个案研究与解说

风险预测的防范技术的步骤如前面所述。在此将通过具体的案例，介绍这项技术的应用方式。首先，希望大家仔细研究案例，得出自己的结论之后，然后进入解说篇。

案例 无论如何，演讲都要成功

凑齐 500 名参加者

K 公司以大企业的干部为对象，策划并举行各种研习。该公司打算在 2013 年 4 月举办演讲，邀请企业里负责人事或人才培训的干部参加。

演讲的讲师，拟订由美国的经营学者暨 K 公司主要教育课程的开发者 D 博士，以及日本著名的电子制造商 S 公司的董事长 I 担任。I 也是经常出现在媒体上的知名人物。

会场预订在大仓饭店，打算邀请500名客人。公司将500张请柬、2000张传单寄给各大企业团体中负责人事或人才培训的干部，希望他们来参加。两个星期之后，K公司发现报名人数和当初的预想有很大的差距，目前大约只有50个人。

当初以为，如果讲师是D博士和I会长，报名表就会如雪片般飞来。结果出乎意料，有兴趣参加的人并不多。虽然一开始认为没有什么好担心的，但从最近的行情来看，7830日元的报名费也许太高。在时机延误之前，必须设法采取有效的办法补救。

是否能吸引客人出席，这件事固然让人担心。不过，D博士和I会长是否能依约前来演讲，也令人感到不安。

之所以这么说，是因为D博士于2012年年底曾因身体微恙而住院，虽然已经康复，但有点担心他能否平安无事地前来日本演讲。除此之外，D博士是一位很随心所欲的人，过去就曾脱稿演讲，致使口译人员无法顺利翻译，硬照原稿译出，听众因此起哄并发出嘘声，这一点也很令人担忧。

如期举行演讲

另一位讲师I会长是个大忙人，也是经常往来各国的“空中飞人”，前几天在联络确认时，他的秘书说他在中国出差，要到演讲的前一天才会回来。

如果只靠D博士，担心会吸引不到客人，所以想邀请I会长一同来演讲。万一I会长不能出现，那就糟糕了。因为当天K公司打算招待几位大企业的高层和大学教授，如果发生讲师缺席这种事，那可真的是颜面扫地了。

这次的策划是要通过这场演讲，让出席者更深入地了解公司的教育课程，以达到今后的业务运作，因此不许失败。

虽然演讲会场的空间保证能容纳500名预定出席的人，但假使报名人数大幅超过500人的情况出现，场地能否容纳也是一个问题。

然而，即便人都到齐了，但如果被视为主要对象的负责人事或人才培训的主管干部没来参加，那就没有达到这次演讲的目的。

尽管以上各种问题都有存在的可能，但这次活动一定要成功。现在是2月底，到活动举行只剩下一个半月。

如果是你，会如何应对这种局面呢？

解说 预测风险，事先妥善准备

将“风险预测的防范技术”运用在这个案例上会如何？

推测可能发生的“麻烦”

首先确认分析的对象。再者，当对象或范围太大时，立刻进行分析会非常困难，这时再将它分为几个项目，就能细分开来分析。

就这个例子而言，要先分析这个风险是跟什么相关，也就是“分析关于举办干部演讲的风险”。再者，可以把它拆解成“分析演讲举行之前准备阶段的风险”和“分析演讲当天的风险”两块。即便无法细分到这种程度也没有关系，那么就将准备阶段到当天的风险一并分析吧！

接着是确认整个活动的流程。

“在什么时间，执行什么工作”，像这样按照时间先后排序，将在举办演讲之前应该执行的事项，以及从当天的准备阶段到结束的行程分别列出来，有些粗略也无所谓。

从制作完成的流程表中，会比较容易发现问题。你可以据此试想：在这项计划当中，哪里有风险，什么会对整体造成重大影响？

“吸引客人”和“讲师”，是演讲成功的关键

要从案例中知道演讲成功的关键在于“吸引客人”，另外还有一个重点是“讲师”。因此，首先要把焦点放在“吸引客人”上，试着去推测可能会发生什么状况。

1. 报名的人不足当初所预估的500人，以至于场面冷清。
2. 主要负责人事或人才培训的干部没来，使得演讲丧失意义。

3. 人数超出预期，会场容纳不下。

试着评估：在这当中，发生概率高且一旦发生就会导致事态严重的风险是哪一个？如果是第二项“主要负责人事或人才培训的干部没来”，那么就对此采取有效的行动。

行动之前，要先探究“为什么会发生该状况”，并且采取措施阻止它发生，或者试想“如果要阻止它发生，该怎么做才好”的预防对策。

“主要负责人事或人才培训的干部没来”，原因可能是：① 这些人太忙；② 策划案没有吸引力；③ 报名费太贵，等等。不过，再深入思考是否还有别的原因时，又添加了两个：④ 公关宣传不足；⑤ 对想邀请来参加的客群推动不力。

想出原因后，若要对这些原因都采取对策会非常费工夫，所以在这些原因中，只思考贡献度（即影响程度）高的项目的对策。

就这个案例而言，如果是“① 这些人太忙，⑤ 对想邀请来参加的客群推动不力”这两项的贡献度较高，那么再思索各自是否有可行的破解办法。对于“太忙”，我们没有有效的办法应对。不过，若是“我方推动不力”，则是有对策的。

例如，虽然请柬、传单皆已寄出，但可以考虑登门拜访，亲自邀请他们参加，同时再送上请柬。要对所有客人都这么做有些困难，不过，只要对必须邀请到的企业这么做，那么我方的诚意应该就能传达给对方，提升对方出席的概率。

或者，通过电话或信件邀请对方出席也是一种策略；如果要聚集不特定的多数人，就在财经报纸上刊登广告。

提出的解决办法并非全都采用，而是采用有效且实际的对策，若非如此就暂不使用。

试想状况发生后的对策

虽然运用前述的预防对策就能降低发生风险的概率，然而“万一担心的事情发生时，该如何应对”？像这样“发生问题时的对策”，也得在事先做好详尽的准备。

从这则案例来看，如果最终报名的人数只有预估的一半该怎么办？思考对策之前，想象一下：如果参加的人数少，会有什么影响？

第一个影响是演讲会场场面冷清，让与会者感到失望。为了不让场面冷清，该怎么做才好？对此，可以想到的方法有：免费招待想要参加的企业；改变会场设计，将桌椅摆设得不让人有冷清的感觉；另外视情况改变会场地点也是对策之一。

慎重考虑这些策略是否要全数采用。如果采用免费参加的办法，则要去想“是否会带来什么问题”。如果不会有令人担心的后果，就下定决心去做；如果可能有不好的影响，就用别的对策来解决。

试着评估在采取这样的预防对策和发生后的对策之后，降低风险发生的概率有多大及发生后的影响。如果结果能让人放心，就放手去做；如果还是令人担心，就再思索是否还有其他有效的方法。至于“讲师”的问题也一样，揣想可能会发生什么棘手的事。

1. S 公司的 I 会长赶不上当天的演讲。

2. S 公司的 I 会长比预定时间晚到。

3. D 博士身体微恙，当天不能演讲。

4. D博士的演讲内容和预期的不一样，遭到与会者的抱怨。

这些风险中，假设发生概率高、影响程度大的是第二点和第四点。

第二点“I会长比预定时间晚到”，原因可能是：①出差地中国发生紧急事件；② 堵车；③ 我方没有尽到提醒义务；④ 不知道会场地点；⑤ 身体微恙，等等。

要防止紧急事件发生、堵车、身体微恙等突发状况非常困难，但如果是其他的原因，只要和I会长仔细做好事前的联络，就能降低发生的概率。

预测最严重的事态

尽管采取了行动，但也得再思考：万一I会长当天迟到，该怎么办？那就调整演讲的流程。例如，如果I会长只是稍微迟到，就延长休息时间，或者请我方代表先介绍研习课程并致辞或寒暄等。

但若是迟到太久或不能出席以致演讲无法进行这样最严重的事态，也要预先推测出来，而且想好对策。

遇到这种情况，若只是低头道歉，还是不能妥善地解决；这也不是退还报名费就能解决的问题。这次正好有招待大企业的高层和大学教授，其中有几位是非常友善的人，如果拜托他们其中一人发表讲话，应该可以发表一些有深度的言论，提供给与会者做参考。事先跟这个人说："如果发生意外，可能要请您帮忙。"或许对方会答应登场："理解，我会帮忙。"

然后跟与会者说明原委，而且约定下次有机会一定会再请 I 会长前来，接着说："难得有机会，请 ×× 先生跟大家谈谈。"如此一来，至少能减轻事情的影响。

第四点"D 博士的演讲内容和预期的不一样"，虽说其原因是 D 博士很随心所欲，但也可以认为是事先没有充分沟通好。因此，要先和 D 博士沟通，严格要求其不要脱稿演讲，而且在拿到演讲原稿后要先翻译。

尽管如此，万一担心的事发生了该怎么办呢？紧急中断演讲并修正内容也是一个解决办法，不过是不太好的办法。

或许只好请口译人员随机应变配合 D 博士。

这也要事先和口译人员说好。万一演讲内容明显不对，那么在 K 公司董事长最后致辞的时候，再为 D 博士演讲中的难懂之处好好地做补充说明。而且要在日后邮寄当天的演讲主旨，使与会者能更好地吸收和了解演讲内容。

无论是预防对策，还是发生后的对策，都可能会有耗时费工或产生巨额费用的情况，所以并非所有办法都要采用，而是把范围缩小到有效且实际的对策上。

尤其是令人担心的风险，在分析大致结束之后，必须再度回到执行计划阶段，检查是否有疏失、遗漏，最后再检视整体而言对策是否能达到期待的目的。

像这样，按照程序进行分析，当初的不安和担忧就会被消除，转而确信这个演讲是可行的。

表4 分析有关举办经理干部演讲的风险（1）

项目或业务的概要

执行计划

1月5日	相关人员商量，确认任务，确认会场
1月15日	和演讲者确认演讲内容
1月31日	在网页上发布消息，确定发送请柬和广告传单的地点
2月5日	发送请柬和广告传单
2月10日	拜访客户
3月底之前	敦促参加
4月5日	报名最后截止日
4月7日	和会场负责人进行最后的讨论

4月15日演讲当天的行程表

13时	主办人致辞，说明本公司的教育课程
14时—15时	D博士演讲
15时—16时	I会长演讲
16时	闭会致辞

表5 分析有关举办经理干部演讲的风险（2）

S = Seriousness（重大性） P = Probability（发生的概率）
H = High（高） M = Middle（中） L = Low（低）

	重点分析领域 1：吸引客人				重点分析领域 2：讲师		
NO.	推测具体的风险	P	S	NO.	推测具体的风险	P	S
1-1	聚集人数不到 500 名，以致场面冷清	M	M	2-1	I 会长当天赶不上演讲	L	H
1-2	人事或人才培训的负责人没有来，活动丧失意义	H	H	2-2	I 会长比预定时间晚到	M	H
1-3	人数超出我方预期，会场容纳不下	L	M	2-3	D 博士身体不好，无法演讲	L	H
1-4				2-4	D 博士的演讲内容和预期的不一样，遭到与会者抱怨	M	H
1-5				2-5			
1-6				2-6			

表6 分析有关举办经理干部演讲的风险（3）

NO.	推测具体的风险	推测原因	贡献度	预防对策	采用与否	再评估	发生后的对策	采用与否	再评估	发动条件	发动者
1-2	主要负责人事或人才培训的干部没来，以至于演讲的举行丧失意义 P－H S－H	●我方推动不力	◎	●直接拜访，交付请柬并做说明 ●以电话或信件形式敦促对方出席	○ ○	H ↓ M	●只限于重点顾客免费 ●改变会场的设计 ●将会场移到狭小的房间 ●拜托交情好的其他研习团体协助	× ○ × ○	H ↓ M	●低于预计人数（500名）的70%时 ●低于预计人数（500名）的50%时	策划经理 策划经理
		●报名费太贵	△								
		●公关宣传不足	○	●在以《日本产经新闻》为首的财经报纸上刊登广告	×						
		●对方太忙	○								
		●策划案没有吸引力	△								
2-2	当天I会长比演讲预定时间晚到 P－M S－H	●在中国发生紧急事件，回国延迟	○	●和I会长事前密切沟通 ●事先找好替代的演讲者（××大学教授）	○ ○	M ↓ L	●稍微延长休息时间 ●我方代表详细介绍研习课程 ●请××大学教授演讲	○ ○ ○	H ↓ M	●发现比预定的时间晚10分钟以上时 ●I会长迟到超过30分钟以上时	策划经理 策划经理
		●身体微恙	△								
		●我方的确认不周到	◎								
		●堵车	△								
		●不知道会场地点	△								
2-4	D博士的演讲内容和预期的不同，遭到参加者抱怨 P－M S－H	●事前没有做好充分沟通	◎	●和D博士密切地沟通 ●事先把D博士的原稿给口译人员过目	○ ○	M ↓ L	●请口译人员临机应变 ●最后致辞时，董事长好好补充说明 ●日后邮寄当天的演讲内容	○ ○ ○	H ↓ M	●和预定演讲的内容有明显出入时 ●问卷调查中，抱怨声音太多时	董事长 策划经理
		●D博士的随心所欲	△								

◎ 拟订“控制风险的策略”的关键

虽然想要尝试新的项目，但又有种种不安，总是无法跨出第一步，该如何处理这些不安呢?

在这种情况下，只要按照前述的“风险预测的防范技术”来思考就好了。以下要叙述的是，为了能够活用这项技术，应注意的事项。

关键1 有万全的准备，就无后顾之忧

分析风险的起点在于抱着“担心是否会发生什么状况”的心态。

所谓“有万全准备，就无后顾之忧”，也可以说，“若无后顾之忧，就不需要万全准备”。

担心“是否会发生什么状况”，对此就可以试想“该怎么做才不会出现问题”的对策。从“担忧”之处开始，

考虑“万全准备”。然后，若有“万全准备”，“担忧就会消失”。这是一个流程。

“担忧”的同义词有“担心”，“担心”的相似词有“怯懦”，但“担心”和“怯懦”有点不同。“担心”具有“设法做做看”这种强烈的积极心态，而“怯懦”则具有“设法做，也无法完成”这种强烈的消极心态。

从字面上来看，“担心”就是“分担心情，提供照顾”。“为了使事情运作顺利而去除障碍”，就是从这种积极心态产生出来的东西。

为了前途着想，把可能会发生的状况列出来，然后思考“怎样做才能阻止这些状况发生”，这就是“风险预测与防范”。

有时会听到有人说：“只是一味地担心、放弃，不去做就什么都做不到。”而“风险预测与防范”则是一种“该如何做，才能去除这个担心”的积极行为。的确，在推测风险的阶段，是在悲观状态下去预测，思考预防对策和发生后的对策，由于是在想“该怎么做才能消除该风险”，所以绝不是一种消极行为。

有人说："领导者应该悲观地做准备，乐观地推动事项。"但是，为了让事情的进行无后顾之忧，事先消除不安是非常重要的。对于细心考察就能预见的风险，如果因为事先没有采取适当的行动而导致失败，之后即便说"啊，如果当初再谨慎点就好了"也于事无补。

日本东北大学校长西泽润一的著作《"预测未来10年"的思维方法》中有以下这段话：

> 人们常说："不要害怕失败。"而我则说："要害怕失败啊！"因此要细心留意，以免经常失败。开发一项技术需要庞大的费用和心力，失败时的损失也很大。为了不失败，在基础和本质的地方得花费充分的时间，从所有的角度去评估。
>
> "欲速则不达"，当人做得不够彻底，也会导致失败。所谓"要害怕失败啊"的意思是指在心态上的改变——一旦失败就应该分析状况，找出原因，不要一而再地失败，也就是不重蹈覆辙，而不是因为恐惧失败而畏首畏尾。

在商场上成为领导的人，大都是经历了一两次失败之后才爬到那个位子。诚如西泽润一所言，把失败当作惨痛的教训，努力不再犯相同的错。

事先揣想：“为什么上次会失败，怎么做才不会失败？”面对事情时不重蹈覆辙，才能迈向成功之路。

“风险预测与防范”是为了“把未来的不确定性降到可掌控的程度，以避免失败”所实行的一种策略。要把“不失败”凌驾于一切之上。

如若谨慎地为前途着想，为了不在事后后悔说“为什么不先采取行动”，所有的担心或不安都是有必要的。

关键❷ 思考重点，有效率地采取行动

如果打算去做有风险的事，一般来说，都会事先进行一些评估工作，而且通常有日程表，据此讨论该事项。在讨论过程中，若出现各种担忧，则会开始分析担心的事情，随着时间过去，最后可能就会草率地得出结论说：“因为没时间了，那么这部分就……不管怎样，打起精神加油干吧！”

为了避免这种情况，首先要确认在日程表中，把焦点放在会发生特别难解决的问题、对整个计划影响甚大以及问题较多的地方。然后具体地讨论会发生什么问题，这才是有效的讨论。

之后，确认哪一种风险发生的概率高、发生后影响巨大，然后按照“该风险为何会发生”“如何防止它发生”“万一发生了，该怎么办”的顺序思考对策。如此一来，就能有效率地进行“风险预测与防范”的工作。

实例

日本兵库县明石市曾发生一起悲惨的踩踏事故。焰火大会现场发生混乱，拥挤不堪，参观民众当中，有11个人像骨牌一般倒下被踩踏致死，其中包含8名幼童。

大会之前，相关人员曾一起讨论“该怎么做才能让活动圆满成功”。但从结果来看，可以说“该讨论进行得非常草率”。但事故已经发生，现在也无可奈何。

如果将“风险预测的防范技术”运用在明石市的焰火大会上，事情会如何呢？

首先，从当天的日程表中，试想“可能会发生事故的地区、时段是什么？”如此一来就能预见，焰火大会结束前后，即晚上八点半左右，天桥上的人来来去去是最大的危险所在。

因此，把推测到的风险罗列出来。想到的几个可能的状况中，发生概率高、发生后影响甚大的有以下两项：

1. 观众逗留在能够清楚地看到焰火的天桥上不走，人潮移动缓慢；

2. 来来往往的人潮陷入一片混乱，到处发生了轻微的推挤。

在讨论避免这个风险的具体对策之前，试想“为什么会变成这样”。

1. “天桥上观众逗留不走”，是因为在那座天桥上可以清楚地看到焰火，所以逗留不前，造成人潮移动缓慢。如果只是这个原因，就让人们无法从天桥上看到海岸上的焰火。例如，在天桥栏杆上视线正前方架起木板。如此一来，人们必然不会逗留不前，还可能会加速往海岸的出入口移动。

2. 考察“人潮陷入一片混乱”的原因之后，发现去海岸看焰火的人和看了焰火想早点回来的人在同一座天桥上交叉而过。进一步追根究底地思考原因之后，发现陷入大混乱可能是因为没把往来的人潮隔开。

如此一来，预防对策可以是：

- 在天桥中间用绳子隔开，让去海岸的人和离开的人各走一侧。
- 在重要的地方配置交通指挥员进行管制，以防止交通混乱。
- 请铁路工作人员合力控制流量，不让大量乘客成批涌进天桥。

即便采取这样的预防对策，但“万一天桥上发生了混乱该怎么办”？解决这种情况的对策也就是发生风险后的对策，这部分也要事先想好。

以这次的焰火大会来说，混乱发生之后，主办单位才做出“疏通混乱”的指示，紧急开辟通道好让人潮流动顺畅，而且限制人流，以防止过多的人挤在天桥上。然而，在大混乱发生时，要贯彻指示非常困难。

因此，假定大混乱发生，要做到：①事先把机动人员配置成两到三队，并且区分好由谁来管理秩序，谁来限制人流；②看到混乱发生的征兆时，就不要再让回去的人走上天桥，而是引导他们从其他路线绕到车站；③为以防万一，要事先把救护车安排在大会现场附近。其实，是可以在大混乱发生之后，再联络救护车出动，但是救护车在距离1500米外的消防队待命，到达现场要花40分钟。平常救护车可以立即抵达，但路上人和车拥挤时，车就无法顺畅行驶，这一点也要推测到，而且必须事先采用能够应对状况的急救系统。

如果焰火大会的相关工作人员在事前的讨论中，按照风险预测与防范的步骤，以“哪里最危险”“在那里会发生什么危险状况”“如何防止它”“万一发生，为防止事态更严重，要怎么做才好”的顺序思考必要的对策，将其付诸实行，焰火大会的惨事应该就不会发生了。

悲惨的事故发生后，即便反省，失去的也回不来了。焰火大会的事例正好说明了这一点。

关键③ 深究关键原因，才能获得有效的对策

推测出来必须采取一些预防办法的风险后，就要立即去想“该怎么做才好”，这对经验丰富的人来说并不难。然而，一般人不会考虑是否还存在更有效的对策，就将想到的第一个策略付诸实行，在这之后冷静一想，才会发觉“还有别的方法”。

为了不让这种事情发生，就必须仔细思索挖掘关键原因并进行考察。如果知道真正原因，就将它消除，或是降低其发生的概率。不过，像这样推测原因的时候，我们通常只会抓住表面的问题思考对策，如此一来就不会获得真正有效的解决办法。

举例来说，在工厂从事高危险性的工作，便把“劳灾事故的发生”当作是令人担心的风险。探究其原因时，会

说是“注意力散漫的缘故”，根据这个问题得出的对策，就会是“事前全神贯注”。不过，单靠这项是否能够减少事故发生？答案是很困难。“为什么注意力散漫？”如果不追根究底探查其原因，就不能获得有效的对策。

这是以前真实发生过的事情。

以往通过经销商销售产品的一家公司，为了防止利润率降低，在和多年合作的经销商合同到期之时，打算趁机转为直销。因此，公司要预测，如果转为直销将会发生什么状况。

分析的结果是会遭到过去有生意往来的经销商的诽谤。“遭受中伤”这种令人担心的事发生了。我向相关人员询问：“为什么会有那样的诽谤、中伤？”对方很干脆地回答：“因为我们要转成直销。”于是我反驳：“如果这是原因所在，那么对策就会变成停止转为直销。明明想要设法顺利转成直销，却把停止转为直销当作对策，这不是很奇怪吗？”

因此，相关人员再对“为什么代理商会反弹，为什么对方要中伤我方”做更深入的推测。

在这样的思考下，分析出来的原因会有“可能是我方没有充分说明为什么不得不转成直销”，或者是“事前没做好沟通”。如果是这些原因，那么就会有对策了。

《老总失败学》的作者畑村洋太郎主张，考虑“原因”时必须将“要因”和“行为者的特性或组织文化”两者合并起来。

畑村洋太郎的主张和我在此陈述的内容完全一致。畑村洋太郎说的就是，发生不期望出现的事情时，不追根究底找出关键原因——“为何会变成那样”，就无法获得有效的对策。

设想原因的时候，如果深入思考“直接的原因以及根据原因得出的结果”，就会发现真正的原因并获得有效的对策。

关键④ 风险的影响巨大时，预防对策绝不可少

在策略付诸实施时，相关人员通常会事先讨论不安或担忧的地方“该怎么办”。这里的“该怎么办”有两层含义，即“该怎么办才能不让这种状况发生”和“状况发生的时候该怎么办”。一般人大多不会将它们严格区分开来，

而是概括地用“对策”一词评估。

和评估风险有关联的对策有两种，也就是“不让风险发生的对策”（即预防对策）以及“将风险发生时的影响降到最低的对策”（即风险发生后的对策、应急的对策或紧急时的对策）。

如果不将它们区分开来思考，有时会导致分析错乱。预防对策是“事先编入计划以付诸实行”，风险发生后的对策则是“事前做好计划、准备、调查和试验，事情一旦发生就毫不拖延地付诸实行”。应该把重点放在哪种对策上，因案例而定。不过，在一般状态下，会把重点放在预防对策上。

事情发生之后，会想把不好的影响降到最低。不过，要将影响降到零很困难。所以，重要的是想出预防对策防止它发生。尤其是“一旦发生就无法还原”这种会产生重大影响的事项，应该要有万全的预防对策。

这是举行昭和天皇丧礼时的故事。负责丧礼戒备工作的人是危机处理权威专家，也是当时在内阁担任保安室长的佐佐淳行。

葬礼平安落幕之后，“警力过剩”“警察劳师动众，结果什么事也没发生”等批评声浪四起。对此，佐佐淳行在《新危机处理的技巧》一书中反驳道：“并非什么事也没发生，而是防止了什么事发生。”接着论述“什么事也没发生”和“防止了什么事发生”两者之间有很大的差异。

假如葬礼会场所在的新宿御苑遭到火箭攻击，致使从世界各国聚集而来出席丧礼的贵宾发生什么状况，这可不是内阁总理辞职就能解决的问题。佐佐淳行说，如果推测到某些状况发生时影响甚大，就必须倾注全力，无论如何都不能让它发生。

如果有信心靠预防对策就能把发生的概率降到零，那么也可以不那么竭尽心力地制订风险后发生的对策；不过，如果情况并非如此，那么谨慎一点还是比较好的，尤其是对于那些实际上无预防对策的风险而言，必须制订“发生风险后的万全对策”。

关键⑤ 不畏挑战，以完善的准备致力于超越

如果说工作上有些风险或迂回曲折比较有趣，或许会被斥责："不要说不负责任的话！"不过，从一开始就保证百分之百成功，像这样轻而易举的事，不太会让人能感受到成就感。

但是，常见的情况是主管交付非常具有挑战性或者不合理的任务。这时内心虽然会想"这简直是强人所难！"，但总是无法说出口，只能说"想办法做做看"或"努力看看"。

对于非常具有挑战性的任务，虽然有时也容许失败，但最好不要失败，能够做到成功比较好。既然决定"想办法做做看"，那么无论如何都要达成目标。这时，如果能周详地分析风险，成功的概率会比较高。

新田次郎在小说《八甲田山死之彷徨》中，将周详地分析了风险而成功的人和不这样做的人做了对比，强调了风险预测与防范的重要性。

由于这本著作也被拍成了电影，或许有人知道其内容。故事发生在明治三十五年（1902 年），当时正在准备迫在眉睫的日俄战争，日本陆军将领对青森的步兵第五

联队与弘前的步兵第三十一联队下令：为了在寒地测验装备和训练，要在隆冬的八甲田山的雪中行军。

德岛大尉（电影中由高仓健饰演）指挥的弘前第三十一联队是一个由38个人组成的小队。他们和纷飞的大雪苦战恶斗了9天，最终全部队员平安无事地踏出八甲田山；神田大尉（电影中由北大路欣也饰演）指挥的青森第五联队是一个由210名官兵组成的中队。他们在山里迷路，徘徊不定，最后以包含指挥官在内的199名官兵惨痛地冻死而告终。

为什么结果会有这样的反差？不得不说，这是因为神田大尉不仅指挥系统混乱，而且在准备阶段分析风险时太大意。

成功的德岛大尉把少数精锐部队编组，充分研究了雪山的实际危险状况，对于随身物品和装备巧用心思，同时雇用了熟悉当地地理环境的向导，规划了安全第一的行程，因此征服了八甲田山。

失败的神田大尉尽管充分研究了冬天山区的危险，但其准备就显得有点草率。自备的饭团在严寒中变得硬邦邦不能吃，对于随身物品和装备也考虑得不周全。率领缺乏在大雪中行军知识和经验的中队士兵，不仅没有找向导协助，又在行程有点匆忙的状态下挑战八甲田山，最终以悲剧收场。

德岛大尉的成功，可以说是按着“悲观地准备，乐观地实施”的字面意义贯彻执行得到的结果；换言之，周详地分析风险，借此把看似不可能的事情变成可能。

这并非选择一条轻而易举可达成目标的路，而是选择一条即使有些困难，但无论如何不得不走的路。这个时候，即使不是所有事情都能顺利进行，但只要相关人员能够相互合作，周详地分析风险，就总会有办法。这种情况很常见。

当被分配具有挑战性的任务时，如果以“这强人所难，行不通”来逃避，而去选择可轻易达成的事情，这样确实很轻松。不过如此一来，就不会成长和发展。相反，乍看之下强人所难的问题或许困难重重，必须想方设法解决，但如果想出来的办法成功了，就能把这个成功经验复制到其他困难的任务上。

日本纪录片节目《NHK 特集》，曾播出了一集有关致力于学校改革的英国某公立小学的报道。女校长雪伦把荒废的小学重新打造得非常美观，而且为了改革学校的教育，她从聘用教师到开发教育课程，做了许多不同以往的新尝试。对此，她的一席话令人印象深刻：“新的尝试具

1 有万全的准备，就无后顾之忧

2 思考重点，有效率地采取行动

3 深究关键原因，才能获得有效的对策

4 当风险的影响巨大时，预防对策绝不可少

5 不畏挑战，以完善的准备致力于超越

图10　预测和防范风险的5个关键

有风险，民营企业因努力克服这些风险才有了今日的样貌，经营学校也是一样。我认为，克服风险就会有所成长。”

不畏惧有挑战性的问题，而且去设想“该怎么做才能超越它”，如此一来，必能向前迈进。

◎“风险预测和防范技术”的应用

推测可能发生的状况时，试想“怎么做才能避免该风险发生”，其步骤和重点如前面所述。接下来说明有关风险预测和防范技术在实际工作中的应用。

应用❶　“雁过拔毛”的风险预防对策

计划失败之后，即便反省“为何当时不更谨慎地处理”也“为时已晚”的情况很常见。事先把问题看得深远并做好准备，则可防止后悔莫及的情况，有时还能够化危机为转机。

实例

这是客户之一的一家电力公司，在举行热水器展时发生的故事。该公司要借用某个会场举办促销热水器的展览，因此负责人事先分析讨论风险所在。提出的问题之一是，这次展览中，前来参观的人数可能会超出预期，因此使得预定赠送的小礼物份额不足，引发到场的观众不满。发生这种状况的概率是50%，发生时的影响程度也不容忽视，因此决定采取相应办法。

在采取对策之前，揣想“为何事情会变成那样”，结果推测后得出的原因在于：①我方对到场来宾人数的估算太过随便；②赠送的小礼物份额不足；③发送的传单上写着“给所有到场的来宾赠送小礼物”这种让人有所期待的话。

由于原因③影响最大，所以直接思考消除这个原因的对策。只要准备无数个小礼物就可以解决这个问题，不过在实际工作中很难做到，所以决定在展览的简介传单及海报上注明："赠送小礼物仅限于到场的前500名来宾。"

不过，尽管这样注明，但迟来的来宾还是会发出"没有小礼物，太不像话了"之类的怨声，因此对公司产生不信任感，以至于给热水器的销售带来负面影响。由于充分考量到了这一点，所以决定采取"发生该状况时的对策"，即在发生这种情况时郑重地赔礼道歉，而且事先准备好兑换券，让来宾可凭此券兑换小礼物。这时，请到场的来宾将地址、姓名详细地写下来，以便能将礼物配送到府。

写下住所、姓名的人当中，说不定会有想买热水器的客人。因配送小礼物制造了销售的机会，所以决定采用这个办法。

这就是所谓"雁过拔毛"的厉害对策。

由于像这样谨慎应对处理可能的状况，于是该展览平安无事地结束了，据说热水器的销售也达成业绩目标。像这样实实在在地分析风险、未雨绸缪，就一定能够成功。

应用❷ 收拾善后，不如贯彻事前的准备

伊藤洋华堂的创始人伊藤雅俊曾说：“事前准备比收拾善后更重要。”日文的“前始末”一词有事前准备的意思，就是伊藤雅俊创造出来的。意思是事先采取周全的对策，以防不想发生的事情发生，而不要等到失败后才来拼命收拾善后；即便真的出现了问题，也能避免事态恶化。

在平常的企业活动中，致力于有些风险的工作时，主管时常会提醒下属：“想出什么好的对策了吗？”然而，这时所说的“对策”大都是把预防对策和发生后的对策混为一谈。

在这一点上，必须意识到“该怎么做才能防止状况发生”这种确认“预防对策”的问话，以及“发生了该怎么办”这种确认“发生后的对策”的问话之间的差异，而且将它们区分开来比较好。

就日本人来说，比较容易提出的是“发生事情时，该如何应对处理”的“发生后的对策”。总觉得这比较符合日本人的思考模式，和所谓“努力不懈的精神”意思相通。想做什么新尝试时，主管提醒说：“真的没问题吗？”这时，

下属通常会回答："没问题！设法努力看看。"这里的"努力"是日本特有的精神主义，事实上也隐含着一种狡猾的心态。

的确，如果发生了什么事，这名下属可能会是一个夜以继日努力不懈的人。当然，努力不懈的精神本身非常重要，但在现今社会中，只靠这样的精神是行不通的。

尤其现在的年轻人，是对"努力不懈"没有概念的一代。不告诉他们如何掌握要领，而只依靠努力不懈的精神，年轻的员工是不会追随的。

与其状况发生时才夜以继日地努力补救，还不如事先想好不让状况发生的方法。

与其盲目地向前冲，碰到阻碍之后才思考，还不如稍微冷静一下推测未来的风险，仔细思量该如何应对。

虽然说一旦事情发生，大家努力补救是必要的。但只靠努力不懈的精神，不管经过多久都只能做些耗力的工作，这也是事实。与其事情发生之后才努力，不如因为不希望发生状况，所以用前述伊藤雅俊"事前准备优于收拾善后"的精神来思考对策阻止状况发生。

专题 无“患”无“备”，灾难随时敲门

2011年3月21日下午2点46分，从日本东北到关东发生前所未有的九级大地震。这次大地震和大海啸的发生，即便在某种程度能预见它的发生，但缺乏地震发生后降低损失率的有效预防对策。因此，就必须依靠“发生后的对策”，让负面的影响降到最低。

当然，最好是没有意外或状况，所以一般会把重点放在防止意外或状况发生。不过，“像天灾这种靠人类智慧无法预防的事，万一发生时该如何应对”，这时就要将重点放在“发生后的对策”的分析上，即事前想好该采取什么措施，这一点很重要。

像这次的核电事故，即便发生概率非常低，但只要发生，就会变成一发不可收拾的大灾难。如果是这种状况，发生时该如何应对，不仅要准备“一箭”，还必须先想好

如果第一箭没效，补救的第二箭、第三箭。

不做好这样的准备而招致大灾难，再去辩解“这是出乎意料的事”“没想到会这么严重”“因为是天灾，也无可奈何”是不被允许的。看到发生问题之后的混乱状况，就不得不认为，东京电力的历代经营者，可能都没有充分指示要做“应对像此次这么大的地震和海啸”的防备措施。

当然，东京电力这边可能自以为已经做好了安全装置，认为即便大地震和大海啸来袭，也不会发展成大灾难；基于对安全装置的自信，才过分相信像此次的状况应该不会发生。

“如此次这么大震度的地震和伴随而来的大海啸，都是出乎意料的。”当时东京电力核能电厂部门的负责人武藤荣副总经理这么说。不过，这是可能发生的状况，而不是完全不可能发生的状况。在记者会上，记者提出疑问：“因海啸导致备用电源无法供电，难道没有想过应对策略吗？”对此副总经理无法给出明确的说法。不得不说，他们没想过备用电源无法供电的状况会发生。

“出乎意料”是思虑不周的人在说，这次的事件是能充分推测得到的。不仅是这次，近年来，“出乎意料”这类话不绝于耳，不过究竟事情要发生到什么地步才算在意料之外？我认为，如果仔细考察，其中能够推测到的事压倒性地居多。

“有可能发生的事即便概率再低，在现实中必然会发生。”这句话是灾害和事故的铁律。这次不得不承认是，东京电力相关人员的推测过于乐观。“这次的事故并非是意料之外，而是在推测上不够周详所引起的事故。”我想纵然有人这么质疑，东京电力也不能反驳这一点。

核电厂事故发生时的标准应对策略顺序是“停止”“冷却”“封闭”。这次核电厂因地震而自动停止，所以是能够“停止”，但在“冷却”阶段发生状况。如果反应炉的冷却系统正常运作，那么“冷却”就不困难，然而这次的问题是应该运作的系统却无法运作。由于没有设想过“重要的系统不能运作时该怎么办”，所以事态才会变得如此严重。

要降低反应炉压力槽和储存槽内的温度，就必须灌水。不过，由于没有推测到像这样的状况会在现实中出现，所以相关单位在惊慌失措的状态下才思考灌水的方法。

首先，请求自卫队利用直升机灌水。尽管如此，由于状况范围扩大而无法在重要的地方注入水流，因此接着尝试由警视厅喷水，但几乎没用。再请来消防队喷水，可想而知是没有效的。最后以东京都超级救援队为中心的紧急消防救援队投入救灾，总算灌水成功。

由于不能一直依靠紧急消防救援队，所以之后使用高压水泵车进行灌水作业，它具有超过50米长的机体能够灌注极少量的水。这个高压水泵车，据说是民众受不了那不像样的作业状态，提出来的更有效的方法。

这次是因为电源无法供电，导致冷却系统不能运作。如果事先思考万一发生不能冷却的状况，该如何让反应炉冷却，最佳方案是什么？状况发生时就能立即出动水泵车，或许可以把混乱控制到最小也说不定。

管理者平时就该深入地推测，试想“万一发生棘手的事，该如何应对才好”，并不是所有对策都要付诸执行，但如果事前做好准备与防范，状况发生时能在第一时间指示具有经济效益的有效对策，现场就能明确且快速地执行。如果对策的制订与执行慢半拍，成本就会提高。

有一句名言是：“事前一策胜过事后百策。”以这次核电厂事故的处理来看，管理者如果有“风险管理”的意识，就能把损失降到最小，而像这种情况在平时的工作上不也有很多?

这次的大灾难之后，环绕东电柏崎刈羽核电厂的新潟县刈羽村村长品田宏夫在日本月刊《文艺春秋》中说：“‘不可能推测到地震规模和海啸规模’这种说法本身就令人感到遗憾。如果没有推测，就不会有对策。这次看见福岛的惨状，大大降低了以往的安心感。”的确，如果没有预测，也就没有担忧，就不会有防备。与这座福岛核能电厂相关的人士，如果其忧虑再稍微深远些，揣想到这个“万一”，不就可以防止发生这么严重的事故了吗?

第4章

统合复杂的状况

◎ 5 个步骤，整理纠结的状况

一般人日常会面对的，多是各种错综复杂的问题，大多不清楚究竟是出了什么状况，从哪里入手才好。在这种状态下，能够处理错综复杂的情况并且条理分明地指示做法，是必要的能力。不过，这件事看似容易却出乎意料地困难。

在尚未充分确认目前存在的问题是什么，就要快速解决状况的情势下，有时会做了不需要做或不着急做的事情，或是错过真正必须解决的问题。

让复杂变简单的按部就班思考法

在事情盘根错节的情况下，首先必须做的是整理状况、厘清问题，也就是发现问题或形成议题，接着再去着手解决这项议题。我们都说："了解问题就等于问题解决了一半。"不过，看清是什么状况和确定解决方式，对于破解问题一样重要。

人们常说"工作中重要的是程序"，这是因为在工作时，解决问题和制订决策都有一定的顺序，如果依照这个顺序按部就班地思考，就不会考量不必要的事项或走错方向，而且能得出更正确妥当的结论。

好好整理错综复杂的状况，发现是什么类型的问题，进而明白从何处下手，要学会这种解决问题的技术，就要靠如下所述的"复杂状况的统合技术"。

步骤❶ 盘点应关注的事项

“统合复杂的状况”的第一个步骤是列举出应关注的事项。

将关注的事项写出来，例如进展不顺利、尚未改善、必须想办法解决、受命处理的事等。根据罗列出来的，就能看出发生了什么事，必须做什么事。

在这个阶段，专心盘点值得关注的事项，不去考虑如何处理，就只是不断地把它提出来，而且不限于现有的问题点，也包括因为对未来的担心与不安而产生的事项。

步骤❷ 适度拆解分离事项

当有人说“请提出关注的事项”时，我们很容易提出大范围的议题。

例如，当有“对于要提高销售额感到烦恼”这种问题出现时，一般会设法解决它，不过，公司有多种产品，销售渠道也是多方面的，要解决这个问题并不容易。如果大问题能够一下子就快速解决，就不需要特别分析它。然而，现实并非如此，将它细分成几项解决才是实际的做法。当关注的事项范围太大，或是包含好几件事时，就试着分离或分解它。

然而，一般人不喜欢抽象的议题，不少人会试图走捷径，从关注的事项立即走向“该怎么做”的方法。举例来说，当提出“想活化组织”这类议题时，就很容易从这里快速跳到“改编现有组织”等对策上。

为了避免拔苗助长式的做法，要确认“具体发生了什么事”“事实是什么样”，这一点非常重要。

步骤❸ 将事项议题化

在分离或分解关注的事项之后，就能掌握“关注的事项是什么”“会引发什么状况”“因什么而感到困扰”。接下来就是要进一步思考今后该如何处理，这个程序就被称为“议题化”或“声明化”。

议题化或声明化之前，仔细检视个别事实或彼此相关的事实，自问自答“为何会发生这种事”“变成什么样子才好”“这样下去会如何”“本来应该是怎样”这类问题或者请教相关人士。之后，再去处理“该如何处理”这样的具体议题。

这里所说的议题是指今后如何着手的问题，而不是罗列偶然想出来的对策。议题不是抽象或模糊的表现，而是必须具体明确地说明了该做什么、怎么做。

所谓“该如何做”，意思是“如何着手”，代表性的用语有：“究明 ×× 原因”“选定 ××”“分析 ×× 风险”。除此之外，还有“调查 ××”（即掌握实际状态），“策划 ××”“确认 ××”“调整 ××”“实施 ××”等。

总之，明确今后该如何解决就可以了。

另外，像“重新审视 ××”“检讨 ××”这样的写法，如果从前后关系知道具体该怎么做，这么写也可以。只是每个人对“重新审视”或“检讨”这类用语的理解会有差异，所以在“更具体地表现问题”的前提下，比较认同是前述的写法。举例来说，要写成“策划人事制度修订案”，而非“重新审视人事制度”。

步骤④ 设定优先级

议题大致齐全了之后，接下来的步骤是设定顺位。

如果要同时处理多个议题，就会有些困难。议题中既有急需处理的状况，也有可以延后处理的，因此要先设定“从哪一个开始着手”的优先级。

判断优先级有以下 3 种标准：

- 议题的重要程度（S = Seriousness）
- 议题的紧急程度（U = Urgency）
- 不解决该议题，会产生的扩大性（G = Growth）

一般而言，我们倾向于优先处理紧急程度较高的议题，而处理重要程度高的事情有时比较困难，因此通常暂缓处理。不过，有时搁置重要程度高的议题，会让事情变得更难解决。为了避免这种情况发生，也要从重要程度、扩大性的角度考察判断顺序。

步骤5 再度确认处理方案

“统合复杂的状况”最后的步骤是再度确认处理方法。

这指的是执行了“具体化议题”之后，确认是否能够避免当初关心的状况发生。为了避免“只见树木，不见森林”，也要检验细分好的议题能否解决最初的大问题，即确认具体化的议题能否成为真正的对策。

我们很容易不去细想现在存在什么问题，就立即讨论“该怎么做”。尤其是当有麻烦要解决时，在没有充分正确掌握事实关系的状态下，就去讨论“怎么做”；或者是没有掌握事情发生的关键原因就去研究解决策略。

跳过“掌握事实关系、确认原因”的步骤思考对策时，令人怀疑的是能否提出真正有效的办法。甚至可以说，在这种状态下通常无法提出解决的办法。

盘点该关注的事项→拆解分离事项→议题化→设定优先级→再度确认处理方案，以这个顺序进行议题化，如此一来，即使问题多样且错综复杂，处于不知道该从何处着手、如何着手的麻烦情况，也能有效率地查明问题所在。

“复杂状况的统合技术”与先前介绍的“关键主因的

步骤 1　盘点应关注的事项

步骤 2　适度拆解分离事项

步骤 3　将事项议题化

步骤 4　设定优先级

步骤 5　再度确认处理方案

图 11　统合复杂状况的 5 个步骤

分析技术”“最佳方案的制订技术”“风险预测的防范技术”目的不同。“复杂状况的统合技术”只是让人清楚地了解到有什么问题，从哪里着手，如何着手；而“该怎么做”的解决对策需要凭借其他三项分析技术来确认。可以说，“复杂状况的统合技术”是其他三项技术的开路先锋。

运用“复杂状况的统合技术”整理状况，确定议题，而且合理地设定优先级，如此一来，就能有效地运用其他三项技术。

◎ 个案研究与解说

大致说明了复杂状况的统合技术，在此要通过具体的案例，介绍该技术的应用方式。首先，希望大家仔细研究以下案例，试想其有什么样的问题，然后进入解说篇。

案例 遇到难题！该如何突破？

日本一家公司销售家庭设施器材，它把日本北关东某县全域作为业务范围。尽管该公司在泡沫经济时期急速成长，但近年来，或许是受到房地产市场低迷的影响，销售额有下降的趋势，因此正在讨论往新领域发展。

来自当地有力人士的抱怨

一天早上，该公司的经理S接到当地有力人士A打来的电话说："10年前你卖给我家的热水器突然出现故障，热水出不来。前来我家检修的维修人员跟我太太说：'已经用了10年，寿终正寝了；即便修理，用不了多久又会坏掉，建议买个新的。'不过，使用10年就寿终正寝是真的吗？"

该公司从十几年前就销售N公司的热水器，而且每年销售数百台，而维修保养则是送到制造商N公司的服务中心。也许是那里的维修人员一接到A打去的电话，就急速赶去检修。

S按捺住对这位鲁钝的维修人员说辞的愤怒，回复道：“由于使用热水器的方式不同，用了10年就寿终正寝的情况也有。”

A愤怒地说：“不过，它还真这么容易就无法使用啊！总之，这么冷的天气，不能用热水很让人头疼。现在也不能洗澡，太太气得要死。总之，没有预兆就突然变这样，很奇怪吧！唉，说了一堆也没有用，我付钱了，所以赶快给我换新的！”

“非常抱歉！我会赶紧把新的热水器送过去。”S低声下气地把电话挂了之后，心头涌起一些不安。在该公司，热水器没有库存，所以要由制造商N公司来安排。不过，今天是12月27日，即将到年底，制造商那边是否能够立即安排配送新的热水器？这真是很令人担心。

S进而想到，N家使用的那款热水器也销售给了其他顾客，他们那里也会发生同样的异常状况吗？10年前A说“请给我质量最好的热水器”，因此推荐了N公司最高级的热水器。不过自此以后，就没有后续的追踪服务。该公司有二十几名业务员，送货后的售后服务就交给各个业务员。但是，对于如何管理下属，S 经理没有十足的把握。

赶紧应对处理 A 家的问题是理所当然的，但 S 脑中浮现一个想法：“难道没有其他该做的事情吗？”他似乎有些感觉，只是无法顺利想出那是什么。请你代替思绪混乱的 S 经理，整理一下目前的状况，试想之后该如何做才好，而且确认应该着手处理的问题。

解说 开阔视野，掌握客户投诉

在面对这种情况时，无论如何都要先让 A 消气，因此打算带着礼品去拜访 A。这样做或许有必要，但稍等一下，也有必要先冷静地想想现在存在的问题究竟是什么。如果这个案例使用“复杂状况的统合技术”，就会变成以下的情况。

写出应关注的事项

首先，在思考怎么做之前，试着写出关注的事项，也就是那些在意的、放不下的、需要想点办法的事。一开始浮现的是“让 A 消气”的想法，接着有“A 家发生的状况，在别家是否也会发生”的不安，进而“对于购买过此产品的顾客的后续服务是怎么样”的疑问也涌上心头。试着把这些事情写出来。

其次，对每件关注的事项确认与其有关的具体事实。

第一件关注的事项是“让 A 消气”，在探讨该项的解决方法之前，先确认 A 愤怒的原因。原因是 A 家长年使用的热水器突然出现故障，而这个状况给 A 的夫人的生活造成极大的不便，她非常生气，这一点可以提出来。

接着，仔细检视这些事实，试想今后应该着手解决哪些问题。A 家的热水器为什么突然无法使用，有必要仔细查明原因。当前紧急的问题是让 A 及其夫人消气。要让对方消气，我方必须展现出诚意。由于认为“把事情讲清楚，而且赶紧换上新的热水器，就能让他们消除怒气”，所以必须赶紧请制造商安排送货。但是今天是 12 月 27 日，接近年底，可能无法顺利送货。

事项的议题化

按照这样的想法，提出以下议题：

1. 向A家道歉
2. 请制造商安排配送新的热水器
3. 分析延迟更换新品的风险

接下来，要确认与“A家发生的状况，是否在别家也有发生”这个担忧相关的事实。

对于“A家的热水器为何突然无法使用”这一点，要对维修人员的判断——机器单纯寿终正寝存有疑虑。

其他家庭也在使用A家所使用的热水器，假如是使用年限到了，那么同期生产、已经销售的其他同机型热水器，按理说也会出现同样的现象。或许其他同期同款的热水器正在出现问题——这次A家的状况也许只是冰山一角。

首先，要找出A家热水器突然不能使用的真正原因，同时，要进一步调查别家是否也发生同样的状况。如果是这个机型的耐用性有问题，那么即便现在机器还正常运转，但有些地方可能慢慢就会出现故障，是否必须采取“尽快更换”这样的对策？因此再追加以下三项议题：

4. 找出“A家的热水器突然无法使用”的真正原因
5. 确认和A家同款并且是同期生产的热水器是否发生异常（向经销商N公司确认）
6. （调查之后，在同机型发生异常的可能性高的情况下）对发生异常可能性高的同机型，选定最佳应对策略

进而追根究底地分析这次的问题，试想真正的问题究竟是什么，不仅要查明表面呈现的现象，也要推测问题的本质。

如果不是突然发生“无法使用”这种现象，就不会给顾客添这样的麻烦了。即便无法永久保证质量，但如果确立了能提前发现机器异常的方法，应该也可以避免这样的问题。如果尚不存在这样的方法，下列的议题就很必要：

7. 选定“使用了一定年限的热水器，可以提前发现异常”的最佳方案

接下来，针对“公司对于到目前为止购买此产品的顾客的后续服务是什么”，试想该如何面对以及处理。这次是因为接到 A 打来的投诉电话才察觉到。

如果 A 在 10 年前向公司购买热水器之后，售后服务几乎都没有跟进，那么不仅是 A，或许其他的顾客也是如此。售后服务必须及早跟进。

此外，像热水器这种商品，使用了一定年限后，就能预料到会有“一定要买新的来换”的需求。如果发现“竟然忽略掉这一点”，就要从这里提出新的议题。

该公司销售额的提升开始停滞，或许是因为服务既有顾客不周到；另外，也要将是否错失了做生意难得的良机这件事列入考虑范围。从这一点来看，应该提出以下议题：

8. 掌握对既有顾客后续服务的实际状况
9. （了解现况后，如果判定后续服务不周到）针对既有顾客，制订售后服务策略

10. 针对已经购买热水器的顾客，制订推动购买换新的最佳策略
11. 针对热水器以外有使用年限的每一样商品，制订推动购买新热水器的策略

设定优先级与处理

设定了类似这样的议题之后，就要清楚地确立“从哪一项开始着手”的优先级，然后决定由谁承担此项任务。

如上所述，扩大视野、保持距离，稍微扩大范围进行考察，结果就冒出了这么多的议题。如果不扩大范围，可能就只会出现解决 123“现象”的议题。不过，如果一并考察发生这种“现象”的“原因”，就会出现 4 至 11 的议题。设定议题时，首先要列举当前的状况，之后若要处理该议题，则必须确认是否完全解决了每一个问题。

1. 与此相同的状况是否也发生在其他事物上
2. 这个问题是否衍生出了必须检讨的事项
3. 这个问题的本质是什么
4. 怎么做才最恰当，理想的解决方案是怎样的

表 7 关于 A 家发生热水器故障的状况分析

S = Seriousness（重大性）　U = Urgency（紧急性）　G = Growth（扩大性）
H = High（高）　M = Middle（中）　L = Low（低）

列举关注的事项	评价	分离或分解和确认具体事实	（疑问和期待）	状况（议题）	U	S	G	顺位
问题 ●在意的事 ●放不下的事 ●需要想点办法的事		问题 ●它是基于怎样的事实？ ●是不是把它细分成几项比较好？	问题 ●这件事的问题是什么？ ●担心什么？ ●想怎么做？ ●认为该怎么做最好？	问题 ●之后如何着手？ ●是否查明原因、选定最佳方案、调查实际状况，确认以上事项、调整、拟订计划以及执行等 ●是否有必要再稍微具体化、细分化？ ●是否有必要从其他更高的角度来思考？				
1. 让 A 消气		1.1 A 家使用的热水器突然出故障了（今天是 12 月 27 日） 1.2 服务人员建议购买新的，A 也同意此事 1.3 A 和他的太太对于不能使用热水造成的不便非常生气 1.4 A 是当地的有力人士	●查明故障的原因固然是必要的，但如果没先让 A 消气，问题可能会变得更糟糕 ●今天是 12 月 27 日，年底将近，即便想尽早配送，恐怕也没办法那么顺利	1. 向 A 家道歉 2. 请制造商安排配送新的热水器 3. 分析新品更换延迟的风险	H H H	H H H	H M -	1 2 6
2.A 家发生的故障，在其他顾客那里是否也会发生		2.1 A 家的热水器使用了整整 10 年 2.2 服务人员判定已寿终正寝的热水器不是只有 A 家在使用	●虽说使用了整整 10 年，但使用方法上难道就没有问题？ ●过去送到 A 家的热水器如果用了 10 年就寿终正寝，那么送到其他家庭的热水器可能也会陆续发生故障 ●如果发生故障的可能性高，公司现在不采取对策，就会给顾客添麻烦	4. 找出“A 家的热水器突然无法使用”的真正原因 5. 确认和 A 家同款、同期生产的机型，是否有异常发生（向经销商 N 公司确认） 6. （判定发生异常可能性高的情况下）对该机型选定最佳应对策略	H H H	M M M	H M -	3 4 5
3. 本公司对顾客的后续服务如何		3.1 对于把热水器送到 A 家之后的服务，自己也不清楚 3.2 后续服务如果做得周到，就不会突然发生故障吗？ 3.3 公司以往的后续服务都做得不到位	●有必要全面地检查本公司的售后服务体制是否健全 ●假如不够健全，就趁机彻底重新修正 ●本公司销售的商品都有使用年限，如果售后服务确实做到了，那么提早发现购买换新的需求，这一点应该可以做到	7. 掌握对既有顾客售后服务的实际状况（如果售后服务确实不周到） 8. 针对既有顾客，制订后续服务的策略 9. 针对到目前为止已经购买热水器的顾客，制订推动购买换新的最佳策略 10. 针对热水器以外有使用期限的每一种商品，制订推动购买换新的策略	M M M H	M M M L	M M - H	7 8 9 10
			●突然发生“不能使用”的现象很奇怪 ●如果能确立“能尽早察觉到异常”的制度，就不会给顾客带来像这样的麻烦	11. 选定“使用一定年限的热水器，得以早期发现其异常”的最佳方法（向经销商 N 公司提议）	H	L	M	11.

可以自问自答或询问相关人员这些问题。以这样的步骤思考，就能防止疏失或遗漏议题，而且也不会忽略问题的本质。

◎完成“拆解与优先设定”的关键

提出“关注的事项”之后，需要着手的议题就应该能够顺利出现。不过，实际情况时常无法尽如人意。问题究竟是什么，该如何着手，对此伤透脑筋的状况也有。碰到这种情况，如果留意以下关键，处理问题就能得心应手。所以，下面要阐述的是该如何活用上述技术及其注意事项。

关键❶ 厘清问题与处理问题同等重要

在工作中，如果问题清晰明了，也可以立即讨论解决的办法。然而，实际情况大多不那么简单，必须经过仔细思考才能着手解决。在错综复杂的情况下，应当先厘清问题是什么，该从何处着手，如何着手，再讨论对策。虽然应该按照这个步骤来做，但大家都习惯于很快就跳到自己所想的行动上。

举例来说，假设接到客户 ×× 公司的投诉说我方交付的产品有问题，我方就会赶紧拜访该公司，换上没有问题的产品。或许有必要这样做。不过，请稍等一下，除此之外也必须沉着地设想，伴随这次的投诉，必须着手处理的事情是什么。

即便“我方交付的产品有问题”这一点是事实，但如果原本的问题是“为什么会有问题”“全部的责任是否都该归咎于我方”“×× 公司的使用方式是否有问题”“对方是否不确定问题所在”，那就必须仔细确认出现问题的真正原因。

然而，如果出现问题，让 ×× 公司伤透脑筋，就必须想办法赶快解决。换货是一种方案；将同款产品送到××公司，派遣技术人员去修理也是可行方案；此外，或许还有其他方式。必须决定哪一种最好。和遭到投诉的产品款式相同的产品，也交到了其他客户手中，如此一来其他客户那边应该也会出现这样的状况。这一点也必须赶紧调查。

像这样，接到“出现问题”的信息时，我们通常会立即去想接下来该怎么做（How），却不会再深入思考：发生的事情对我们企业、组织及自身的立场而言意味着什么？发生有点麻烦的问题时，一旦进一步思考这件事情的含义，就能清楚地了解组织真正必须着手解决哪些问题。

于是，一旦接收到有状况发生，就要问自己或相关人员：“所以，是什么？”（What）“（关于发生的事情）有什么样的状况”“必须赶紧着手解决哪些问题”“除此之外，是否还有其他必须处理的问题”。必须先暂时停下脚步考量这些议题。当你停下脚步仔细思考时，有些主管会说：“光想也不能解决问题！不如先动起来！”不过，这里的“动”并不是指盲目地行动，而是沉着地认真思索“该往哪个方向行动，该先处理什么”之后，再付诸实践。

关键❷ 拆解问题并逐项解决，成功的概率最高

我们很容易在不细分大问题的状态下，就想一举寻得破解口。

直接将大问题拿来讨论，最终找到了有效的解决途径，这是最好的情况。不过，实际上进展并不这么顺利。直接大范围地分析问题，大多会白花时间，变成兜圈子的议论。

举例来说，一个由好几家分公司组成的企业，由于本期的业绩不佳，所以想要找到破解困境的方法。公司让好几家分公司的职员一同讨论该如何摆脱业绩低迷的状态，但总是提不出具体且有效的解决建议。即便最终能解决大问题，也浪费了大量的时间和精力。不如将大问题分离或分解，然后一个一个着手分析，这样不但更有效率，而且能获得实际且有效的解决办法。

所谓“分离”，按字面意思来说就是区分开来，例如将“销售额”和“经费”这两种性质不同的东西分开。而“分解”是指将“经费”分成几个要素，如“材料费”“办公用品费”“交际应酬费”等。

“分离”和“分解”有些不同，商业上大多不做区分，混在一起使用。在本书中，字词以商业惯用沟通方式呈现，也不太拘泥具体的词义，所以还请多多包涵。

实例

在一家大型百货公司研习时，由于对方的销售额衰退，所以希望我能帮忙想点办法。

思考对策之前，首先确认业绩为何会衰退。对方表示是因为经济泡沫破灭，经济不景气，企业需求有所减少。这或许是原因之一，不过如果只是一味地将问题归咎于他人，就不会找到解决的办法，所以再试着稍微深入分析。

于是，他们就打算把议题定为“查明本百货公司销售额下滑的原因”并进行分析。不过，我认为这个议题太大，因此问道：“是所有店铺的销售额都往下滑吗？”对方说：“没那回事，有的店销售额还在增长。”我又问：“那么就先分析最令人担心、销售额大幅下滑的店吧！这样的店在哪里？”对方说：“这样说来，就是新宿店和八王子店。”

新宿店和八王子店的销售额低迷，或许是同一个原因造成的，或许不是。因此，决定首先聚焦于新宿店，分析其原因，然后分析八王子店。

说到新宿店，它应该有许多卖场，因此我深入地询问："所有卖场的生意都这么糟糕吗？"对方回答道："不是，下滑得很厉害的是西服卖场，不知它为何下滑得这么厉害。""那么，议题就定为'查明新宿店西服卖场销售额下滑的原因'吧！"我这么说并着手分析。分析的结果显示，经济泡沫破灭、经济不景气是远因，而最直接的原因是西服卖场的设计变更。

接着是对八王子店的分析。就八王子店的情况来看，销售额下滑得最厉害的不是西服卖场，而是食品卖场。聚焦于该卖场，可发现影响业绩的最主要因素是承租人变动。

直接分析研究"查明本百货公司销售额下滑的原因"如此广大的范围，不管是什么原因，都是草率的做法。不仅仅是"分析关键主因"，在"制订最佳方案"时，通过直接分析讨论大范围的议题，也无法获得有效的方法。

以这家百货公司来说，即便最终目的是提高整体销售额，但如果是思考每一家分店、卖场或商品群为何销售不振、怎么做才能增加销售额，就能想出实际有效的对策。

关键③ 着眼于“原因”，而非“现象”

有时虽然问题看起来好像解决了，但类似的问题会再度出现。这是因为虽然解决了当前的问题，但是根本且必须处理的问题仍然存在。

为什么会变成这样？是因为把问题的“现象”和“原因”混为一谈了。即便摧毁了问题的“现象”，但没有根除“原因”，相同的“现象”会再度出现。真正解决问题，要着眼于“原因”，之后才能一劳永逸。

举例来说，假设一家公司员工的离职率高，使得长久以来都出现人手不足的现象。当前的议题是运用有效的渠道招聘到足够的人，不过这不是根本的解决之道。为什么离职率高，该怎么做才能降低离职率，如果不检讨这些问题，就会一直被人才流失这个问题搞得焦头烂额。

这个问题的关键，自始至终都不是“为了解决人手不足，该怎么做才能把人招齐”这个表面的“现象”，而是“出现这个现象的背景”，也就是“原因”。必须改善不期望发生的事的时候，有时也必须解决“现象”本身，但重点一直以来都不是这个；如同前述的例子一样，应该将“现象”和“原因”区分开来，而且要确认清楚出现这个现象的根源，然后将根除“原因”作为议题。

我们通常只会被“解决眼前发生的现象”所吸引，很少去追究“为何必须解决该问题”的本质，而且以此思考解决的办法。如果满足于解决眼前的议题，那么今后可能又会出现同样的状况，弄得你每天焦头烂额。

既是剑术家又是哲学家的宫本武藏，有所谓“观见二眼”之说。指的是虽然看见对象有必要，但同时也必须看到该对象的深处。

虽然致力于眼前的议题是很理所当然的事，但有时要稍微放宽眼界或保持距离，试想“为什么必须致力于这样的议题”，逼近问题的本质，这一点很重要。看清问题的本质并不容易，但有一个方法可能办得到，那就是把它区分成“现象”和“原因”。

关键④ 不仅仅是看见，更要细察与巨观

要能整理正在面对的状况，明白该着手解决哪些议题，也要清楚地了解“从何处着手，如何着手”，再用“见→视→观”的顺序来掌握现象。

一般来说，“看见”有3种。第一种是一般的“见”，指的是浅薄地看到眼前现象的一种状态。第二种是“视”，是指眼睛盯着仔细看，一边看一边思考，把焦点放在“为什么会发生这种事情”上。第三种是“观”，是指在一定距离外稍微拉高的位置俯瞰整体。仔细观看眼前的现象之后，试想除此之外是否还有其他状况，进而反复思索议题的背景。借由是否仅仅专注于琐碎的事项，而“忽视本质性的问题”这一点来全面地观想，这就是“观”。

议题化的作业中，这3种“看见”缺一不可。首先，在脑海中浮现自己的工作，然后将关心的、在意的、放不

下的或需要想点办法解决的事情，如亲眼所见一般提出来，这正是“见”。其次，确认与其相关的事实。究竟为何，在何处出现，为何会发生这种事，把焦点放在这些问题上仔细查看，这就是第二种“视”。第三种“观”则如前面所述，反复询问“这样就可以了吗”，与议题保持一定的距离，远眺整体。

在这之中，就管理者的立场而言，最重要的是第三种“观”。

大致的议题都提出来之后，以“观”之眼远眺整体，“是否漏掉什么”“是否漏了重要的事”“这个优先级可以吗”，像这样一项一项仔细确认是必要的。

一般的状况是当局者迷，旁观者清，这是后者在物理、精神上保持距离的缘故。保持距离，才能客观地审视自己。已故的日本能剧暨电影演员观世荣夫曾以《以“旁观者”重新审视自己吧》为题，在报纸上发表过以下内容。

日本能剧集大成者世阿弥流传给后辈的著作《花镜》中，有所谓“旁观者之见”一词。这是指表演能剧的演员，将希望应该这样想、这样演

> 这部能剧的想法当作“我见”，扎实地保有“我见”是表演者的必要要素。然而为了让表演能够被许多观众理解并具有客观性，要将自己视为旁观者，以旁观者的眼光重新审视自己；也就是说，具备“旁观者之见”也很有必要。

“旁观者之见”对置身于商场上的人来说也非常重要。客观地审视自己所处的状况，而且冷静地端详审视，如此一来，就有可能看见以往看不到的东西。

当事者在仔细观察眼前现象的同时，对于“除了部分，是否也看到了整体”“除了现状，是否也把思绪放在了未来”“是否只掌握了下游的状况”“上游是否没有状况”“是否和整体目标取得整合”之类的问题，有时必须意识到“旁观者之见”，而且停下脚步仔细察看。

关键❺ 重要度优先，而不是容易度

在同时存在几项议题的情况下，我们通常倾向于不那么深入思考从哪一个着手，就开始处理。如果时间、人手都充裕，就另当别论，不过由于大多数的情况是时间和人手都有限，所以应该为议题排好优先级之后再开始。

排定优先级的时候，重大性（即影响程度）和扩大性（即广度）也应该放入考虑之列。

有时，在解决较为棘手或重要性高的状况时，相对需要花大力气。所以，一般人会被诱导先将类似这样的问题搁在一边，从容易处理的问题开始着手。由于我们有这种避重就轻的强烈倾向，所以这一点必须留意，尤其是管理者应该从重要程度较高的议题开始。

让濒临破产的日产汽车重新活起来的功臣——法国企业家卡洛斯·戈恩（Carlos Ghosn）就曾果断地说："应该从真正优先级高的项目开始处理，虽然这需要花很大的力气。若不这样，而是从简单的着手，就是逃避优先级的设定。"

在戈恩所著的《极度驾驭：日产的文艺复兴》一书中，

这样的想法随处可见：对高层经营者的工作来说，将优先级界定清楚十分重要。戈恩表示，高层经营者的工作是确立非做不可的事情的优先级，然后按照这个顺序执行。像日产汽车销售变得如此低迷，就是优先级不明确所致。

为了把日产汽车改头换面成盈利的企业，戈恩首先要处理的问题是改善高成本的体制，所以他决定优先降低成本。如果采购成本占总成本的60%，则非得先彻底处理这方面的问题不可。不这么做，而仅仅是处理一些容易的事，例如呼吁节省纸张或办公室用品、控制空调的使用等，也无法从根本上解决问题。戈恩指出，虽然减少使用空调的费用也不错，但如果不关注核心问题——采取对策削减采购成本，就无法摆脱财务困境。

处理日常工作时，要意识到设定“先从哪里着手”的优先级，这一点非常重要。设定优先级时，绝对不能将实施的容易度视为评估标准，为了有效地运用有限的时间，应该同时把问题的重大性、紧急性、扩大性列入考虑的范围。

1 厘清问题与处理问题同等重要

2 拆解问题并逐项解决，成功的概率最高

3 着眼于“原因”，而非“现象”

4 不仅仅是看见，更要细察与巨观

5 重要度优先，而不是容易度

图 12　统合复杂状况的 5 个关键

◎"统合复杂状况技术"的应用

应用❶ 排好优先级，工作就能轻松上手

当一般人被询问，有多个非做不可的事情同时存在时，是否会先排好优先级才付诸行动，答案通常是不然。如果回想公司内部会议的场面，那就更清楚了。在应该讨论的议题有好几个的情况下，不决定优先讨论哪一个，而是从最初被提出来的议题开始，结果，在会议结束时，可能无法在当天讨论优先、应该被讨论的议题。

为了能够有效地运用有限的时间、人力、物力，应该排好优先级，有重点地进行；如果懒得安排顺序，或是觉得"这也重要，那也重要"，没有重点，可能导致无法完善地处理任何议题。由于我们终究强烈倾向于从容易解决的事情下手，于是会把难度较大的问题搁置在后，暂缓处理。想优先解决容易的事，这种心情并不是不能理解，不过应该把重大性（即影响程度）、扩大性（即广度）也列

入排序考虑的范围。

外山兹比古是我大约 30 年以来持续阅读的《思考的整理学》（筑摩书房出版）的作者。他在“*BAN*”杂志中，对于“排定优先级之后再工作”的效用做了以下的描述。

> 每天一起床，就设想今天一整天要做什么，这个步骤花 30 秒就够了。在大脑中有了大概的想法之后，就决定执行的顺序，然后写在备忘录上。此时有一个重点是，要从最讨厌、最困难的事情开始，轻松的事先搁着暂缓处理。人们大多是从容易做的事情开始，不过若从最不想做的事开始，就能把事情办得非常好；也就是说，因为做完困难的事之后就安心了，所以瞬间就能搞定轻松的事。接下来，一做完工作，就在预定表上打“○”。打“○”是我的工作习惯，如果你有惯用的记号，就照着你的习惯来。
>
> 一星期的开始，把这一星期要做的事写在纸上，月初把这个月要做的事写下来。采用这个方法，至少能够事半功倍。以前，美国一家

> 小型钢铁工厂的老板采用了这个方法，据说几年后公司业绩提高到令人瞠目结舌。后来这位老板成为全美国最大的钢铁公司——美国钢铁公司的老板。

事实上，我的朋友也实践了外山兹比古所说的做法。他每天比公司的其他员工稍早进公司，然后把当天该做的、必须做的事一件件地列出来，用“A、B、C”把它们排出优先级。把当天无论如何都必须做的事列为“A”；把在“A”之后才去做的事列为“B”；把有时间才去做的事列为“C”，进而把这些事项分成“自己亲自处理的事”和“交给下属或相关单位执行的事”。最后在下班之前，检查列出的事项是否都已经完成。这位朋友跟我说，像这样排定该做的事情的优先级，就能有计划、有效地利用一天的时间。

设定优先级时，绝对不能把实施的容易度当作评估标准。但是，为了有效地运用有限的时间，应该将事项的重大性、紧急性、扩大性同时列入考虑的范围。如果养成“排定优先级之后再着手去做”的思维并加以实践，那么“这也必须做，那也必须做”的烦恼就会转变为“先做完优先的事，剩下的就好办了”的安心感。

应用❷ 活用扩大性，效果超乎预期

安排优先级的评估标准时，有“扩大性”这一项。如果不想碰触“扩大性”而将它搁在一边，就要先判断现在正在发生的事是否会进一步扩大，其影响是否也会变大。假如搁在一旁也没有扩大的担忧，就不用立刻采取行动。

若要说明扩大性，最通俗的例子就是山里发生火灾。假设现在山里发生火灾，火势正在蔓延。如果蔓延的方向有密集的居民房屋，就判定为它的扩大性大。这是因为如果火烧到房屋，影响就会变大。然而，如果火势往海边蔓延，即便火将整座山烧尽，由于连接的是海，影响不会扩大，就判定为扩大性小。

以经商为例，假设交给生意伙伴 A 公司的产品出现问题，而且该状况是我方疏失引起的，此时虽然紧急回收并维修是必须的，但如果同样构造的产品也交给了 B 公司和C公司，那么在A公司出现的问题，同样也会在B公司和C公司出现。如此一来，不仅仅是A公司，B公司和C公司也必须采取行动。像这样的情况就判定为扩大性大。

然而，倘若该产品是专为A公司生产的客制品，不会交给A公司以外的对象，其他公司几乎不可能出现问题，就能判断其为扩大性小。

把“扩大性”一词巧妙地用在自己的工作上的人很多。

实例

T先生是与建筑相关的公司“S金属”的销售员，也是参加研习的学生。他将“扩大性”活用在销售场合，而且取得了成果。S金属的主要业务是修建屋顶和销售油漆。建筑物的屋顶经过几年风吹日晒就会出问题，必须定期修理或上漆，但T先生到老主顾的公司检查屋顶之后，对负责人说了以下这番话。

“检查时，发现部分屋顶有腐蚀的现象，因为做了修补，当下是没问题了。不过，这终究是临时措施。贵公司的这栋建筑从盖好到现在已经过了10

年，所以我在想，是不是差不多到了该全面整修的时候？如果趁现在问题还小的时候整修，花78.3万日元就能搞定。但如果今年一整年都只做部分修补，明年才打算正式处理，那么整修费用将会加倍，变成156.6万日元，这就是所谓‘放着不管就会恶化’。对我来说怎样都没问题，但是对贵公司而言，早点全面整修会比较划算。您觉得如何？”

“被我这么一说，许多顾客都打算今年整修。”T先生跟我这么说。

“扩大性”不仅适用于屋顶上漆这件事情，也能广泛应用在所谓“放着不管会更加恶化，于是就列入优先事项”的销售中。

专题 不懂拆解，反而使问题更乱更复杂

日文里面有“さばく”一词，即“解决”的意思。在日文字典《广辞苑》中，它被解释为“用手解开（缠绕或黏住的东西）；（把鱼、鸟等）切开并把骨和肉分离”，而相通的词是“分解”。

有时会用来称赞人“善于解决问题”，意思指的是对方能巧妙地分解错综复杂的状况，而且快速、笃定和清楚地判别必须解决哪些问题。在面对麻烦事的时候，“分解”非常重要。我们很容易在好几个议题纠缠在一起的状态下进行讨论。然而，如果把有点棘手的状况分解开来思考，就能找到解决的办法，而且能有效率地处理。

以前在某个地方政府举办研习之际，有位参与者提出一个问题，即“违法丢弃产业废弃物——电视、洗衣机等家电产品的状况不断出现，于是想针对这个问题想点办

法”。具体着手的议题就定为“针对防范与及早发现违法丢弃产业废弃物（家电产品），选定最佳对策”。

分析这个议题，讨论“该怎么做才能防患于未然”，于是出现“加强巡逻”“挂上警告标志”“请求销售家电的店家协助”等方案。在相互讨论时，对于应该如何及早发现问题，提出了“请求地方上的义工协助”“依靠邮差帮助”等方法。

在讨论的过程中，有人提出意见：“为了及早发现，难道不适合用‘请求销售家电的店家协助’这个方案？”经他这么一提，也想到了难道就不能直接把“依靠邮差帮助”这个方法和防患于未然相结合？于是察觉到“不管怎么讨论，总是风马牛不相及”，而且不明白“为什么会变成这样”。这时才意识到，尽管所谈的议题彼此密切关联，但将“防患于未然”与“尽早发现”这两个不同的议题放在一起讨论，会导致讨论无法聚焦。

在这种情况下，先要将它们一分为二。先决定在“防患于未然”上最有效的对策是什么。接着，对于实施对策后仍被违法丢弃的东西，讨论怎么做才能及早发现。这么一来，讨论就比较有效率。如同这个案例，虽然彼此有密切的关系，但区分开来分析才是明智之举。况且，在不细分大问题的情况下，即使想要一举解决，也太强人所难。欲速则不达，一个一个地处理，棘手的问题也能快速解决。

此外，当问题错综复杂、有好几个要素纠结在一起时，应该一步一步地分析，而不是一下子就跳到探讨解决对策的阶段。好几个人聚在一起解决问题，却不细分大题目，或是把查明原因和找对策合并在一起讨论，话题就容易东拉西扯，变成“发散跳跃式会议”的状态，这样只是耗费时间，无法得出结论。

如果议题中包含多个必须解决的议题，要在一开始就分解议题，然后分析，这一点非常重要。

终章

什么是问题，什么不是问题

欧美顾问 E 先生任职于一家知名的顾问公司。下面是我朋友和他共事时发生的事。

朋友拜托 E 先生说："你们做各企业的顾问，应该会有 M 公司解决问题的操作手册吧？请你一定要把它传授给我。"E 回答道："没有那种东西。""要不你个人的也可以，请你把它传授给我。"在强烈央求下，E 说："虽然没有像你讲的那种东西，但脑子里确实有以下流程。"于是他画了一张流程图给我朋友看。就是下面的图。解说如下。

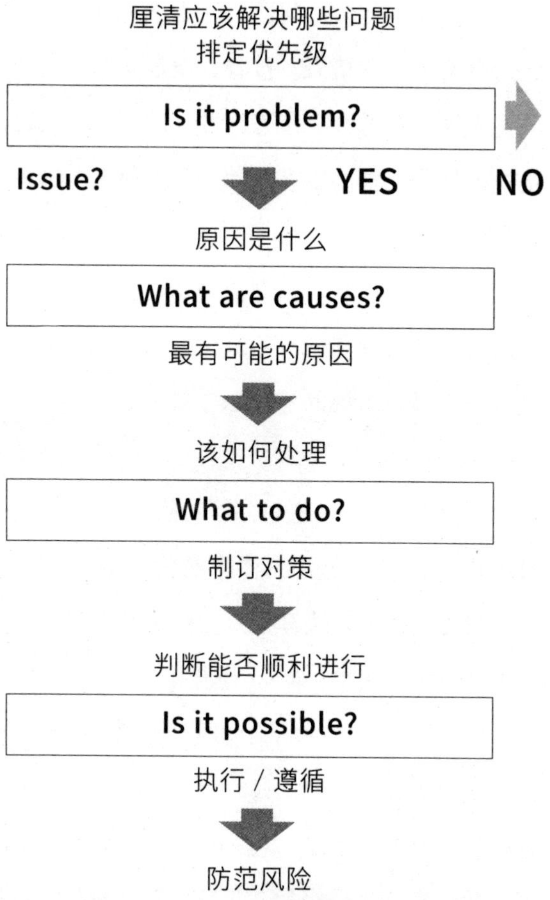

图13　破解问题的流程图

“首先，分辨什么是问题，什么不是问题，不要在没有问题的事情上浪费精力。接着，设定问题‘从哪一个着手’的优先级。在讨论‘该怎么做’的解决对策之前，针对最优先的议题，精准掌握原因——为什么会出现这个问题，之后再想应该采取什么对策。在试想的几个方案之中，选出最符合目的的方案，拟订执行计划。然后，详细检查它是否能按照计划顺利进行，最后推动其运作。”

这就是本书中所说的 4 种思考技术。

四问“为什么”——破解问题的秘诀

松下电器旗下子公司三洋电机的创始人是已故的董事长井植岁男，他的口头禅是“为什么？”以下这件事是从相关人员口中听来的。据说，他会接连问下属：“为什么，为什么？”下属则会因为明确地回答井植岁男质问的“为什么”而获得成长。

井植岁男的“为什么”式提问法大致可分成以下 4 种。

第一种是确认优先级的“为什么”。对抱持各种问题的下属，询问有什么问题；当有数个问题时，井植岁男便会问：“哪一个是最优先的问题？”

当下属回答“这是最优先的问题”时，他便会问：“为什么？”“为什么你认为它是最优先的问题？”这是询问依据来源的提问法。

第二种是“为什么会变成这样？”这是确认真正原因的提问法。也就是说，事出必有因，要检视对方是否精准掌握真正原因。

第三种是“为什么选择它？”这是询问具体做法的提问法。在理解下属说明的原因之后，询问：“那么该怎么做？”当下属说“想用这个方案来处理”时，他就会问：“为什么？”意思是，为什么选择这个方案；除了这个方案之外，是否想到其他对策；如果判定该办法是最好的，理由是什么？这是询问“判断标准”的提问法。

第四种是“为什么”，是在了解“判断它是最好”的方案之后，确认“它是否真的能够顺利进行”“会有什么陷阱”；如果其中潜藏令人担心或不安的状况，这时出现的“为什么”就是询问“为什么会发生这种事”。换言之，当说到“没有担心或不安”时，也会想知道“为什么如此乐观地看待？”也就是问其依据所在。

像这样，通过质问“为什么”，井植岁男巧妙地向下属问出：问题是什么，为什么会变成这样，该怎么做，是否能顺利进行。可以说，这四个“为什么”就是本书所介绍的 4 种思考技术。

如前面所述，本书所介绍的技术，是将优秀的经营者、管理者和研究者共通的想法整理并系统地呈现出来。这两则故事就是展现该技术的例子。

结语
解决问题的判断力等于领导能力

以下例子是日本产业经济省直属的特别财团法人日本生产性本部，针对“中层主管应具备的条件”这个问题，向高层管理人员做问卷调查的统计成果。

问卷调查的结果中，最多的是“合理的判断力”。过去，对领导者所要求的第一要件是“声望”，也就是具有声望的领导能力。然而，随着企业所处的环境变得严峻又复杂，具有合理判断力的领导能力成为第一要件。高层管理人员期望的下属中层主管是在面对问题时能给出自己的答案，例如会说“我想这么做，其理由是这样、那样，希望您能认同”，也就是能有条不紊地说明“为什么想这么做”，而不是经常询问“该怎么做”。

虽然“有志者事竟成”这种精神论调也会在实际工作中产生效果，但仅仅凭借这种精神做事，进展不顺利的例子有很多，而且最后完全白费力气的状况也很常见。

换句话说，这个时代不追求这种精神论调。并不是说完全不需要拼命和勇气，而是说不能只依靠它们来成事。对管理者或监督者而言，要求他们从精神胜利发展到理性判断，就像脱去一层皮。

如果有能力的下属对主管的要求感到疑惑，就会询问：“为什么一定要这样做？”即便主管说：“因为是我说的，没有理由，去做就对了！”下属不但无法理解，也无法尽快行动。领导者被要求的能力是能够明确指出目标——“组织应该做什么”，而且能以浅显易懂的方式说明“为什么要做”。有能力的下属自然不会追随无法这么做的主管。

企业之间的生存竞争越来越激烈，如今确实是一个适者生存的时代。为了存活下来，只有拼命努力。不过，在这个过程中应该善于动脑、尽量不做白费力气的事，宝贵的运营资源只应该用在刀刃上。

对管理者和领导者而言，最重要的是活用脑筋。管理者以身作则，固然要有所行动，但更重要的是通过思考得出正确的结论。这是因为当下属接收到指示，即便指示错误也不得不去做，越是高层越应该“思考和行动兼备”。

我想，今后周遭的环境将变得越来越严苛。要想在这样的时代有所突破，经营高层的见识最重要，其决策将会左右公司的命运。只要有明确的目标指示，身为组织中心的主力干部以及在他们底下做事的年轻新人就会去实践。

要在这个严峻的时代生存下来，不可或缺的是尽快看清楚问题是什么以及明确指示应该做什么的能力。在此意义上，精通本书所介绍的制订对策以及合理解决问题的技术，而且让它成为组织内主要干部所共有共享的能力，相信在工作上会出现正向的结果。最后，对于书中提到与我有关的事例，在此想做若干说明。

个人最早接触类似的事务，是在20年前主管建议我说:“你为什么不去当公司内部的讲师，传授合乎逻辑的解决问题和制订决策的技术？”之后，我在公司内部从事了几年讲师工作。在这期间，我明确地感觉到和其他的问题解决与决策方法比起来，这项技术既合理又有效，而且认为“如果不断改进，或许可以更容易地活用在实际工作中。”

平成二年（1990 年）我便自立门户，一边以合理的价格提供研习课程，这些研习课程是我用自己的方式加以改进的，一边致力于将它普及，整体经过大致如此。

由于举办与这项技术有关的研习，一年能够见到不少于 1000 人，因此得以获得大家的反响，如“非常有用”“如果年轻一点的时候上这堂课就好了”“希望公司内更多的人来上这堂课”，等等。而且在研习中，有人提到“为什么不把跟上课的学员所谈的事出版成书”，这可以看成是本书的出版历程。

有鉴于日本“3 · 11”大地震的教训，平常就必须越来越多地考虑全面的事情。这次也意识到了这一点，而且记述了该如何应对类似这样的天灾。如果本书能帮助还在激烈变化的企业环境中摸索应对之道的许多人士，那就太好了。